オフィス空間は
経営課題を解決する
経営資源である

はじめに
――オフィス空間は経営課題を解決する、経営資源である

テレワークの時代に入りました。

しかし、これは新型コロナウイルスにより導入した企業が増えた結果であり、テレワーク本来の魅力が認められて広まったものではありません。そのため、現在テレワークに対する評価もわかれています。

「通勤ラッシュから開放される」「家族との時間が増える」「仕事に集中しやすい」などの理由からテレワークを望む声がある一方で、「コミュニケーションがうまく図れない」「部下の管理が難しい」などの理由で出社を望む声もあり、対極する意見の中で、今後、

働き方やオフィスをどうすればいいのか、混乱、困惑している経営者が非常に多いと感じています。

また、最近では、テレワークの長期化を見越し、オフィスを縮小させる動きが出始めています。コスト削減のために、オフィスをコンパクト化すること自体は良いと思いますが、出社した社員が仕事に合わせて自由に場所を選べる社員目線のオフィスが増えつつあることに、私はとても疑問を感じています。

アメリカのＩＴ企業、機器メーカーなどでは、数十年前から、いち早くテレワークを取り入れ、数百億から数千億円のコストメリットが出ていたのにもかかわらず、テレワークを禁止した企業もあります。それは、コストメリット以上の経営リスクが明らかになったためだと考えられます。

長年テレワーク運用を思考錯誤し続けた企業が、結論として中止したということです。テレワークは、プライベートを充実させられる社員メリットや、企業のコストメリットが大きい一方、マネジメントリスクが非常に大きいということです。

私は、オフィスは活用すべきだと考えています。

しかしそれは、テレワークはコミュニケーションが図りにくいからという理由ではありません。オフィスは本来、企業を大きく躍進させる力を持っているにもかかわらず、そのような使われ方をしているオフィスが非常に少ないと感じており、今後のテレワークの時代こそ、いかにオフィスを活用するかが重要になると考えるからです。

私はたくさんの企業を訪問し、たくさんのオフィス空間を目にしてきました。たとえばコミュニケーションだけ取り上げても、「ここはコミュニケーションスペースのつもりだったんだろうな」という物置スペースや、ランチ時間以外はガラガラの広大なスペースなど、機能していない空間がたくさんあります。

残念ながら、見た目やコスト重視で、とりあえずフリーアドレスやコミュニケーションスペースをつくるなど、経営者の目的達成や課題解決に沿ったオフィス空間はほとんどありません。オフィスプロジェクトに経営者の想いが落ちていないことが一番の問題だと感じています。

経営者のみなさまは、まず自社の成長した姿を思い描いてみてください。

●社長が望む社風になっているか

● 社長が望む社内コミュニケーションがとれているか
● 社員が経営参画の意識を持っているか
● 部署間は密接に連携して働いているか
● 社員は輝いているか

あなたは、あなたが理想とする会社の姿が目に浮かびましたか？

そして、現在のオフィス（環境）をご覧になってください。それは、あなたが思い描く会社の姿ですか？　社員の意識や働き方は想像通りですか？　何より、あなたの理想に向かう可能性が見えますか？

ここに乖離があるようであれば、オフィス（環境）は経営資源としての働きをしていないのかもしれません。むしろ、阻害している可能性すらあります。

経営者の目線でいまのオフィスを眺めると、いろいろな想いが、きっと沸いてくるでしょう。経営者の「会社がもっとこうなれば」という理想の実現に向けてアシストする「経営者が望む方向に会社の変化を促すオフィス」が、企業の躍進を促します。それは、オフィス内装に費用をかけて、今風のオシャレなオフィスにすれば良いというものではありません。空間が人の意識・無意識にどのように影響を与え、その結果、どのように行動を変えるのかを軸とした行動科学に基づいた空間づくりが必要なのです。

私たち翔栄クリエイトは、法人にとって重要な「環境」である「オフィス空間づくり」を通して、働く人の意識や行動を変え、頭脳たる経営者が思い描く「未来の法人の姿」を実現することにこだわってきました。

本書では、「レイアウトをこうすれば動線効率が上がります」「壁の色をこうすると活気がでます」「こういった什器を入れると働き方が変わります」という話は出てきません。それらは「人の意識や行動を変える」環境づくりの本質ではないと思っているからです。本質は、経営者の思い描く理想の姿をいかにオフィス（環境）に落としこむか。そして、どう会社は変わっていくのかにあります。

「コロナ禍だからオフィスをコンパクトにする」「コロナが終息したら、またオフィスを広くする」など、状況に合わせて対応するのは良いことだと思います。しかし、オフィスは「単なる出勤する場所」ではなく、企業の躍進を促すことができる重要な経営資源なのです。問題はオフィスの規模ではなく、その使い方であり、コロナにかかわらず、これからの激動の時代にこそ、オフィスを有効に働かせてはいかがでしょうか。

日本での行動経済学者の第一人者である元明治大学情報コミュニケーション学部の友野典男先生にもご登場いただき、『経営者が望む方向に会社の変化を促すオフィス』がどのように企業の躍進に働きかけ、企業がどう変わっていくのか、その一端をご紹介します。

２０２１年１月

株式会社翔栄クリエイト　執行役員
ビジネスクリエイション事業部　事業部長　河口英二

目次

第2章 【常識を疑う】

オフィス空間を見直して経営課題を解決する14カ条

第3章 【特別対談】

行動科学に基づく空間づくり　友野典男先生（明治大学元教授）

第4章 【これからのオフィス】コロナ禍のオフィスに求めるべきこと

第１章　【事例に学ぶ】

経営者の思い描く〝あるべき姿〟をオフィスに落とし込み、社風を変える

アクロスロード株式会社

「仲間とのつながり」に価値を感じる「帰る場」づくり

社員全員が主体的に考え、発言し、活発にコミュニケーションを取るために

「社員同士が助け合える」職場をつくりたい

津田徹社長（アクロスロード）

エンジニアとしていくつかのベンチャー企業で経験を積み23年、そしてアクロスロー

ドの社長になり6年が経過しました。

アクロスロードは、ＩＴエンジニアをお客様企業に派遣、もしくはプロジェクトメンバーごとお客様先に常駐させることで、システム開発、ソフトウエア構築を支援する企業です。設立は２０１０年。登記は川崎でしたが、勝負は東京でしようと思い、多摩川を越えて蒲田に出てきました。それが最初のオフィスでした。

この業種はどうしても社員の帰属意識が希薄になりがちです。エンジニアは普段、それぞれのお客様先に散り散りになるため、社外で過ごす時間の方が圧倒的に多い。だから、社員にどうやって「会社の枠」を認識してもらうかということに、どの企業も苦心していると思います。

アクロスロードが次のステージにいくためには、「困ったときに力を貸してもらえる、助け合える」という社風が必要だと考えました。システムの運用や開発の中では、幅広い分野で解決すべき課題が発生するため、一人がすべてカバーしようとするよりも、個々人の知識やノウハウを集結した方が、短時間でより的確な答えが得やすいからです。

力のある「人材」を育てていくためには、そんな社風が必要です。それを実現する拠点となるオフィスをつくりたいと思いました。

問われる「会社の未来」

僕は、オフィスは会社を支えるツールの一つだと思っています。便利で、自分に合った使い方ができ、どんなシチュエーションにもフィットして、しかも良い効果を生み出す。そんなオフィスができたらと思っていました。

翔栄クリエイトという会社を知ったのは、2015年のあるセミナーでした。講師として登壇していた河口さんに出会ったのもそこで、もう6年くらいのお付き合いになります。河口さんはスピード感のある人だし、物事を俯瞰して観察する力がある。僕もそういうタチなので、同じスピードでレスポンスをもらえて、ストレスがないのがよかった。

「オフィスの移転を考えています。みんなに必要とされ、みんなが集まってくる、そんなオフィスをつくりたいんです」

セミナーの懇親会で情報交換していたとき、僕はこう伝えました。「それじゃあ、どんなアクロスロードにしていきたいのか教えてください！」と、河口さんは言いました。

これが始まりでした。

「どのような会社、どのような働き方、社風を目指すのか」そこを社長に問いたい

河口英二（翔栄クリエイト）

私はまず、経営者に「本当はどうしたいのか？」を尋ねます。経験上「どういうオフィスにしたいですか？」と尋ねると、大抵は「会議室が3室」「エントランスは明るい雰囲気で」など、デザインのイメージやスペックしか出てこないものです。しかし、質問を「どんな会社にしたいですか？」と言い換えると、具体的な「目指したい将来の自社イメージ」が浮き彫りになってきます。ここで言う「目指したい将来の自社イメージ」とは、現実的な数年後のビジョンではありません。実現可能か不可能かに関係なく、「本当はこういう会社にしたい！」と描く理想の姿です。

私たちは、この「本当はこういう会社にしたい！」という姿に向かうオフィスをつくるのです。

津田社長は非常に頭の回転が速く、ゆえに会社全体の展開も非常に早いことが想定

されました。そのような方と仕事をするときに気をつけることがあります。その時点では〝目指すべきビジョン〟であったとしても、オフィスが完成するころには、すでにその次の次くらいのステージまで進んでしまっている可能性があることです。

もし、そうなったら、完成したオフィスは、津田社長の足を引っ張る可能性が出てくる。私は、津田社長がどの方向に、どれだけのスピードで進んでいったとしてもついていける、そんなオフィスをつくりたいと考えました。

だれでもつくれるようなただきれいなオフィスをつくりたいわけではない

津田社長（アクロスロード）

河口さんには、オフィスに遊びにきてもらったり、お酒を飲み交わしながら、「理想のオフィス」のイメージをたびたび語り合いました。オフィスのデザインやレイアウトをどうするかではなく、「僕がアクロスロードという会社をどうしていきたいのか」が会話の中心でした。人の行動心理や気持ちをどう動かすのか、理想を実現するための「空間戦略」について事例を交えて教えてもらいました。

正直、オフィス移転を考えるにあたり他社を検討しなかったわけではありません。だけど、「本当にやるなら翔栄クリエイトさんに頼もう」というのは決まっていました。僕はそもそも、だれでもつくれるような、ただきれいなオフィスをつくりたいわけではなかったのです。だから、パッと見のウケではなく中身を重視する翔栄クリエイトさんは信頼できたのです。「この人ならいいオフィスをつくってくれ

る」という確信がありました。

社長の希望は「社員それぞれが自発的に考え、それを発信・受け入れる社風をつくる」こと

河口（翔栄クリエイト）

社員がそれぞれのお客様先に常駐しているアクロスロードさんでは、社員同士のコミュニケーションは当然生まれづらい。

しかし、津田社長によると、アクロスロードさんは、すでにオンライン上でのコミュニケーション習慣の確立に成功していました。驚いたことに、オンラインゲーム上のアバターで会議・業務報告・相談を行い、そしてそのまま一緒にゲームを楽しむといったユニークな取り組みもあったそうです。そうしたこともあり、社員間の仲は良好とのことでした。

津田社長は、会社のビジョンについてこう語りました。

「システム開発を通じて、お客様の業務を、より効率的に、より便利にすることが僕らの仕事。そのためには、社員それぞれが、単なる技術屋ではなく、お客様と一緒に問題を解決していけるようにならなければいけない。自発的に物事を考え、発信していける必要があるんです」

知識はやたら持っているが、コミュニケーションが苦手というITエンジニアも多い。だから、津田社長は〝自発性〟というキーワードに重きを置いたと感じました。

知識を持っていても受け身ではダメ。お客様と一緒に問題解決をしていくには、自ら発信していく必要がある。

アクロスロードさんが目指すのは、「その自発性を持った社員同士が、補い助け合い、お互いを高めていくような社風」です。そしてアクロスロードという会社が「自分を活かせる」ひとつのチームであり、社員は雇用条件ではなく、そんな仲間とのつながりに価値を感じているのです。

津田社長は合理的で、常に一歩先の未来を考えている方と感じました。津田社長の考える「次のアクロスロード」は明確であり、これを実現するオフィス環境とはどんなものか。私の頭の中は回り始めました。

まず考えなくてはならないのは、社員をオフィスに集めること。それが実現しないと、自発的社風も助け合う社風も生まれにくい。また、強制的に社員を集めようとしてもうまくいかないことが多い。社員が「自ら帰ってきたくなるオフィス」が必要だ。そう考えました。

目的を達成させるために立地にこだわる

津田社長（アクロスロード）

実際にこの五反田オフィスに移転したのは、2016年9月20日。僕と河口さんが出会ってから、1年3ヶ月後でした。このうち、もっとも多くの時間を費やしたのは、物件探しでした。

「社員の集まりやすさを考えると駅からすぐ近くが良いですが、駅近くの物件は家賃レートが高い。今後の事業拡大と予算から考えると、駅から5分～10分歩いても、70～

80坪くらいの広さに余裕があるリーズナブルな物件がいいと思います」といったアドバイスも受け、市場感、地の利などを考慮し、翔栄クリエイトさんや不動産屋さんの手を借りながら、自分の足で物件を見て回りました。内見したのは約50棟に上りました。

２０１６年5月上旬になって、山手線「五反田」駅のホームから、いまのビルが見えたのです。直感的に「ここだ」と思い、すぐに契約しました。河口さんに「57坪でいい物件を見つけたんです。よろしくお願いしますね」と伝えたとき、河口さんは困っていました（笑）。想定よりもずっと狭い空間だったからです。

駅からの近さと広さのどちらを優先させるべきか。色々考えていたのですが、その物件を見たときに、〝近さ〟を優先させようと決めたのです。肌感覚での一体感を生み出すためには、どうしても「ちょっと寄っていこう」「挨拶して帰ろうかな」と思えるアクセスの良さが重要と考えたからです。ふつうはここまで立地にこだわりません。そして、〝広さ〟は河口さんに何とかしてもらおうと思いました（笑）

「帰ってきたくなる場所」にオフィスをつくり上げる

河口（翔栄クリエイト）

社員が足を運びやすいオフィスをつくりたいのであれば、当然、アクセスが良い駅のすぐ近くにオフィスを借りるべきです。しかし、実際には適切な〝予算〟があるため、そうはいきません。おおよそ選択肢は以下2つとなります。

① 駅前で足を運びやすいが広さを抑えたところ
② 駅から5〜10分離れているが、広々として快適なところ

そして、どの駅にするかを選ぶ際は、可能な限り候補となる駅を多くしておいた方がいいでしょう。駅を限定すると、その駅周辺のビル自体が限られるので、選択肢が極めて少なくなるためです。

社員の集まりやすさを考えたときに、どの駅を候補に入れるのかは、しっかり吟味する必要があります。

「57坪でいい物件を見つけたんです。よろしくお願いします」と連絡を受けたとき、困ってしまったのをよく覚えています（笑）

正直、パズルのようにデスクやチェアなどを詰めていくだけなら難しくはありません。しかし、私たちの仕事は理想のアクロスロードに向かう空間をつくること。そのための仕掛けをしたいと考えていましたし、社員数がこれから増えることを考えると手狭でした。しかし、津田社長は「ここへ移転しよう」と腹をくくっていました。

その物件は駅前の一等地。山手線沿いで、地下鉄駅も近い。「帰って来たくなるオフィス」「社員が足を運びやすい場所」という意味ではとてもいい条件です。これからは我々の仕事でした。

想いを擦り合わせた期間を十分とれたため、意思の疎通はスムーズだった

津田社長（アクロスロード）

通常、物件を見つけてから約半年後に移転するのが目安だといいます。しかしこのときは5月に契約して、ファーストプランが6月。8月にはプランを固め、9月に入居しました。移転プロジェクト期間は4ヶ月弱と短く、無理をしてもらいましたが、前段階で十分に想いを擦り合わせることができたため、意思の疎通はスムーズだったと思います。実際の提案内容もすごくイメージが沸いたし、提案内容の意図や理由もきちんと理解できました。

僕が求めるポイントは主に3つでした。

① 見た目よりも中身。あくまでも仕事のクオリティを上げるための場であること

② アイデアなどを書き出せるホワイトボードがたくさんあること

③　ちょっとした段差に座れるなど、オフィスの各所が機能的に使えること

これらのポイントを翔栄クリエイトさんは上手に汲み取ってくれました。

比較しながら検討することで具体的な働くイメージが湧いてくる

河口（翔栄クリエイト）

初めてレイアウトを提案する際は、切り口の違う2つ以上のレイアウトを用意することが多いですね。それは、具体的な案を見て、実際の働き方をあれこれ想像してもらいたいからです。

だから、かなり極端なレイアウトをお持ちすることが多い。時には、誰が見ても現実的ではないレイアウトを提出することもあります。それは、お客様がそれを見たときに、「いやいや、これはないでしょ！　だって……」というように、何かを見ると、それを

ダメだと思う説明が自然に言葉として出てくることが多く、そこに本当の答えが隠されていることが多いからです。

アクロスロードさんの場合、次の2つが前提条件になると考えました。一つ目は、オフィス全体がワークスペースとミーティングスペースを兼ねていること。これは、57坪ではそれぞれを十分機能するようにつくるには広さが足りないため。もう一つは、なるべく、利用用途の制約を受けないフレキシブルな空間にすること。これは前述したように、津田社長の経営がどの方向に、どれだけのスピードで進んだとしてもついていけるようにするためです。

ファーストプランは、その前提条件を満たしたうえで、プランA「普段は社員がオフィスの中央部分で働き、ミーティングなどを行う際に、その周りに分散するプラン」と、プランB「普段は社員がオフィスの周りに分散しており、ミーティングなどの際に、オフィス中央に集まる」の2プランを提出しました。

この場合、アクティブな変化を求める中でも、「心の中では、なるべく無難がいい」と考えている場合はプランAを選択する傾向が強い。レイアウトの選択は、経営者の〝本音〟を確認する手段にもなります。津田社長は迷いなくプランBを選択。そこから話

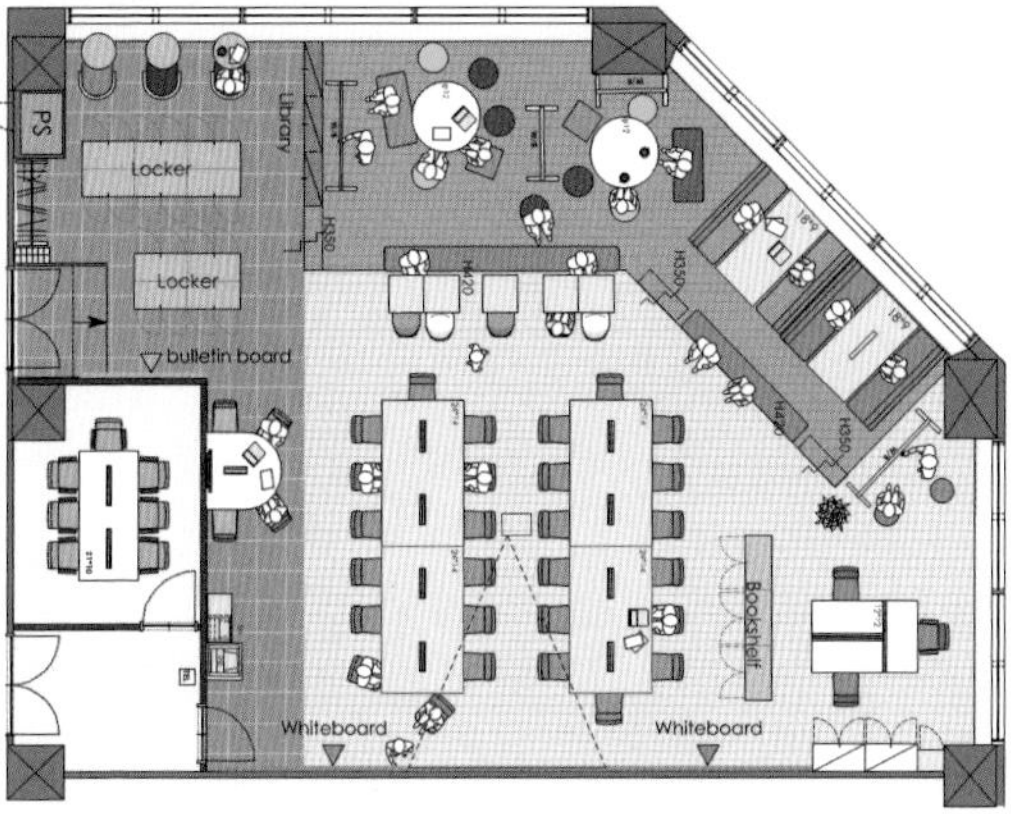

初期プランA

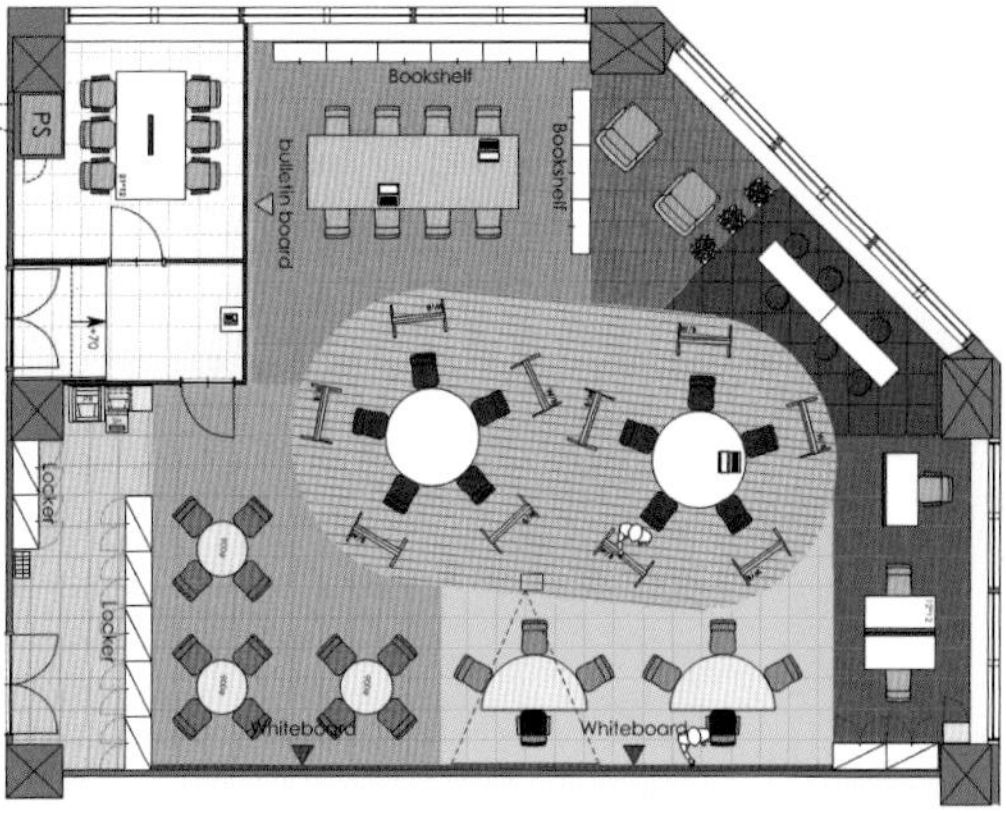

初期プランB

は一気に進みました。
このオフィスでは「自発性」を引き出す支援となる2つの仕掛けを考えました。

❶無難に座る席がないワークスペース

このオフィスにはバックオフィスを除き、固定席が一切ありません。代わりに、ホワイトボードを自由に活用するブレストエリア、落ち着いて作業できるライブラリースペース、チームでまとまって作業ができるボックスブースなど、「目的別のゾーン」が用意されています。

つまり、このオフィスには社員が「何も考えずに座れる」席がないのです。このオフィスを活用するためには、まず「これから自分が何をするか」を考える必要があります。「いまからこれをするからここがいい」「誰々と話をするからこっちがいい」と、自分の仕事を自覚することが、自発性の第一歩になると考えたのです。

❷自発的な発言を促すお立ち台

そして、もう一つのポイントは、オフィス中央にある特徴的なミーティングブースです。40センチほど床が高くなっていて、壁はなく、ミーティングテーブルの周りには、書き込みができるホワイトボードを配置しました。オフィス内から注目を浴びる、まさにステージです。

どこの会社でもあることですが、会議を行う際、よく発言する社員がいる一方、まったく発言しない社員もいます。しかしアクロスロードさんでは、社員全員が主体的に考え、発言することが求められるため、発言しない社員は、自発的に発言する社員になっていく必要があるのです。

このステージミーティングブースは、そのような社員が自発的に発言をしていくように変わっていく支援となる仕掛けです。その運用にあたり2つのお願いをしました。

① 自分の発言を、ホワイトボードに書くこと

これにより、各々の意見が可視化されることになります。もちろん意見が少ない場合は、その〝少なさ〟も可視化されます。

② 事前に決められた会議を行う

たとえば、「来週の火曜日、17時から○○を決める会議を行います」という具合です。

これにより、事前に準備をする機会が生まれます。自分がいかに意見が少ないかが可視

化された場合、この機会があれば、準備をしてこようと思いやすいでしょう。

こういった仕掛けは、会議に参加しない人にも影響します。どんなプロジェクトがあり、だれがどういう意見を持っているかを知ることができるだけでなく、思いがけず自分の仕事に応用できるアイデアが見つかるかもしれません。

ミーティング内容に興味を持ったとき、近くで話を聞いたり、メモを取ったりできるよう、ステージの外縁をぐるりとソファにしました。この「段差に座れるようにしたい」というアイデアは津田社長の意見でした。それをワークスペースの真ん中に配置したということです。

理想を実現するためのオフィスが完成

津田社長（アクロスロード）

何度か打ち合わせを行い、次のアクロスロードに向かうためのレイアウトが固まってきた後、いよいよデザインの打ち合わせに入りました。そして翔栄クリエイトさんよりCGで作成した鳥瞰図が提出されたのです。それを見て、まず最初に思ったのは、想像を超えた派手さでした（笑）。

僕は思わず、「これ、すごいね〜。こう来るとは思わなかった（笑）」と言ってしまいました。河口さんは、「いまの流行は、

鳥瞰CG

色を抑えたナチュラルなおしゃれカフェみたいな空間ですけどね。社風の変化を促す空間をつくる場合は、流行とは関係なく〝色〟をどのように扱うか考えなくちゃいけないんです。色は感情への影響力が強いので、色があった方がいい場合もあれば、ない方が良い場合もあります。今回みたいに、「会社が次のステージに入ったんだ」「自分たちの帰る場所が新しくできたんだ」というように、いままでとは変わったということを強く意識していただく場合には色はとても有効です。特に、アクロスロードさんみたいに、普段はお客様先に行っていて、特定のタイミングで立ち寄るオフィスの場合は、なおさら色の効果は大きくなります。なので、今回は、やりすぎなくらい、印象に残るようにしました（笑）」とのことでした。僕も流行を追いかけるつもりはなかったので、翔栄クリエイトさんの提案には共感できました。

また、オフィス中央のステージミーティングブースを見ると、ホワイトボードの代わりにオフィスの象徴とも言えるガラスが3枚立っていました。河口さんに「これは？」と聞いた所、「ガラスはオプションです。ガラスの方がいいんじゃないかと、頭に浮かんでしまったので……。ちょっと高価なオプションなので、まあ、よろしければ……」ということを言っていましたが、河口さんに迷いはなさそうでした。僕もそれを見て、

Return on Investment
MBO Fair Trade
Human Capital

このガラスがオフィス全体の価値を決めるくらいの重要なファクターになっていることは理解できました。

僕は思わず、「これ！　オプションって言ってるけど、やるしか選択肢ないし、河口さん、やるって決めてますよね！！（笑）」と言いました。河口さんは終始笑顔でしたが、確信犯ですね。（笑）

当初の目標は半年でクリア！

新しいオフィスが完成しました。

当初、無難に座る席がないオフィスに社員は戸惑っていました。固定の席がなく、オフィスに戻ってもどうしたらいいかわからず、最初のころは入り口で立ちつくす人も多くいました。エリアごとに利用目的が違うので「今日はこの仕事をする」という意思をはっきりと持っていないと使いづらいのです。

そして、中央のステージミーティングブースも、当初はみんな居心地悪そうでした。視線が高いし、注目を集めるからです。

しかし、みんな、１ヶ月もしたら工夫してオフィスを使いこなし始めました。そして、わずか3～4ヶ月で会社は変わり始めたのです。

ステージのミーティングブースでは、余計な会話が減り、会議がシャープになりました。延長してダラダラ話すのではなく、細かく区切って連携を取り合うようになったのです。発言しなかった人が自分の意見を持つようになり始め、会議のクオリティが目に見えて上がりました。他のミーティングスペースとの使い分けもはっきりし、仕事にメリハリができ、社員同士の連携も目に見えてどんどん密になっていったのです。

結果、当初いかに社員にオフィスに戻ってきてもらうかを考えていましたが、オフィスに戻ってくるという概念自体が変わったのです。以前は書類の提出や重要な会議など、わざわざ足を運ぶ必要があるときのみ集まっていた社員らが、朝や帰りがけに自主的に集まるようになったのです。これは、いままでオンライン上が主だった社員同士の繋がりが、リアルに代わったことで、社員同士が繋がることの〝楽しさ〟を実感したことが大きな要因になっていると思います。

オフィスを変えて、使いこなせるようになると、半年前の様子を忘れてしまうほどの変化がありました。

河口さんからのアドバイスで気をつけているのは、「社員の会議に私が口出しをしない」ということです。会議内容に社長が割って入ったり、うしろからダメ出しをすると、みんな萎縮してしまう。それは絶対に避けなければいけないからです。

しばらくすると、社員の行動はほとんど無理もなく変わっていきました。もちろん順応のための工夫は必要でしたが、僕が「求めていた変化」を生むために大きな効果を発揮していました。結果、移転当初に達成したいと考えていた変化は、半年ほどでクリアしてしまったのです。

いまでは、当初の運用ルールを覚えている人も少なく、河口さん曰く、「もう当初の課題を解決し、新しい社風に変わったので、いま、必要としている使い方を続けていけばいい」とのことでした。

いまや社員は自主的にこのオフィスを使ってどんどん新しいことをはじめています。コワーキングスペースの延長みたいな使い方もできる、いつでもどんな設備も使っていい。デスクや椅子の配置も、状況に合わせてどんどん変化します。

この変化はまさに「アクロスロード」をよく表現しています。デスクではなくミーティングスペースがほとんどで、どんどん形も変化していきます。こんなオフィスはほかにないと思います。

価値観の連携を生みやすい職場づくり

たぶんこの良さはわかる人にしかわからないでしょう。でも、それでいいと思います。むしろわれわれのコンセプトを受け取って「ここで働きたい」という人材も集まってきてくれるようになりました。社員がそれぞれに会社に帰属する意義は違います。僕はアクロスロードの存在意義は人にあると思っています。オフィスや仕事内容ではなく、人に人が集まって成り立っているのです。

作業そのものは、各社ほとんど変わらないでしょう。だから過ごす時間の充実感が重要なのです。このオフィスはシームレスに動けてコミュニケーションを図りやすく、自分の考えが反映しやすい。価値観の連携を生みやすいという作用が働いていると思います。

僕は「人材」を育てたいと思っています。若手もどんどん積極性をもって考え、発言し、アイデアを実行してみてほしい。これがうまくいかない最大の理由は、彼らがそれらを「していい」と思っていないことです。「しちゃダメ」とは思っていないが「していい」とも思ってない。だから「発言していいですか」「やってもいいですか」という言葉が出てくるのです。

その既成概念を壊したかった。そのためには「していいよ」という雰囲気が必要で、このオフィスはまさに「していいよ。だからどんどんやってみよう」というメッセージになっているのです。

プロジェクト開始当初、河口さんは、「会社を変えるのはオフィスではなく社員です」と、繰り返し言っていました。オフィス空間で会社を変えるという仕事をしていながら、なぜそういうことを言うのかと思っていましたが、その意味がよくわかりました。確かに行動を起こしたのは社員であり、社員の努力により会社は変わりました。しかし、その器として、空間の力が大きく働いていることを、身をもって体験できたと思います。

コロナ禍の現在、オフィスに多くの社員が集まっています。

当然テレワークも併用していますが、テレワークの日なのに、オフィスに来ている社員もいます。

請負業務比率が増加したこともありますが、それ以上に、「リアルにつながりながら働くことの良さ」を感じている社員が多いためだと感じています。

内わけ・41%が家族
・20%が職場
・12%が学校
・1.2%がその他
人があつまる場所に

株式会社コムブリッジ

負のスパイラルから脱却するために空間を変え、新しい社風に生まれ変わった

オフィスを変えて、皆が会社を変えようという気持ちになった

「経営的な視点」でオフィスをつくると経営者が望んでいるように会社が変わる

殖栗聡昭《うえぐりとしあき》社長（コムブリッジ）

翔栄クリエイトさんのセミナーに参加したときのことは、いまでも強烈に覚えていま

す。「経営的な視点」でオフィスをつくると、経営者が望んでいるように会社が変わると言いました。それを、いくつかの実例を上げて説明され、ものすごく腹落とし、まさに目からウロコでした。

しかし同時に、河口さんの話し方が上手すぎて、とてもウソっぽい（笑）。信じてよいのか、いやだまされてはいけない。とても揺さぶられる。一緒にセミナーに参加した社員は、「え！　社長、まさか、あれやるんですか？」と言ってきたくらいです。（笑）

コムブリッジは、従業員数30名ほどのイベント企画・制作会社です。私はテレビ制作会社からコムブリッジに中途入社してきました。２０１７年に地方創生やソーシャルビジネスを手がける事業を分社化したことで、私が母体会社であるコムブリッジの社長となりました。

分社したことで社員が半分になり、ワークスペースが空くことになったのです。レイアウトの変更をしなければという思いはありましたが、イベント事業も忙しく、なかなか進みませんでした。

自分なりに試行錯誤をしましたが、全然だめ。そんなとき、（当時）会長の三代川が、翔栄クリエイトから届いたＤＭを私の机の上に置いたのです。それはオフィスづくりに関するセミナー案内でした。レイアウト変更が必要だと感じていたからなのでしょう。そのＤＭに目を通したら、「経営戦略として戦略的レイアウトにすると、会社が変化する」というようなことが書いてあり、これが興味を惹きました。

正直、これは本当なのか？　という興味本位な面も大きかったのですが、参加することにしました。自分の経営課題がモヤモヤしているときだったので、「戦略的視点でオフィス空間を見なければいけない」という考え方にとても興味を持ったのです。

コムブリッジさんの経営課題は若手が採用できても長続きしないこと

河口（翔栄クリエイト）

殖栗社長にセミナーに参加していただいたのは、２０１７年12月。社員の方とお二人でご参加いただき、とても熱心に聴いていただいたのを覚えています。

後日、コムブリッジのオフィスに遊びに行かせていただきました。殖栗社長は、分社化のタイミングで社長に就任されたとのことでした。ご本人は、「たまたま状況的にそういう役割の座が来ただけ」と言っていましたが、コミュニケーション力や実行力に限らず、あらゆる面で組織のリーダーとしてふさわしい方だと感じました。

話を伺うと、求人が上手くいっていないとのこと。若手がほしいのに集まらない。若手が採用できても長続きしないというのが課題とのことでした。

分社化により、中堅社員がいない会社に

殖栗社長（コムブリッジ）

河口さんに、当社の課題を話しました。当時の会長が社長のころから地域活性化事業を育てており、それが大きくなっていきました。

イベント事業と地域活性化事業は大きく文化が異なります。イベント事業は、若手のパワーがカギを握り、それが推進力となりイベントを成功につなげていきます。一方、

地域活性化事業は、各地域で自ら経験を積み、その地域に根付いた文化も取り込んでいかなければ成功につながらない傾向があります。そのためには、ある程度、人生経験を積んできた中堅社員でないとなかなか難しいのです。

文化が大きく異なる事業を同居させておくより、分けてしまった方が良いということで、地域活性化事業を分社化しました。それにより、中堅社員を中心とした社員の約半分が新会社に異動し、コムブリッジは、極端に言うと幹部と若手社員という組織になり、そして、その若手社員が辞めてしまう傾向にあったということです。

若手の採用が、なかなか決まりません。

それでも、費用をかけて若手の求人を続けていました。イベントを成功させるには若手のパワーが必須だったからです。

あるとき、面接後にオフィスを見てもらったのですが、連続して2人から辞退の連絡があったのです。それもあり、「何とかしなければ」と強く思い始めました。

しかし、机の周りに社員が集まって、ちょっと雑多な雰囲気の中で打ち合わせを行う。私たちの業界では老舗の会社ほどこうした「THE制作会社」みたいな環境である傾向が強いのです。当社がそういう業種なのだから、それを気にしない人だけが入社し定着する。それはある程度、仕方のないことという思いもありました。

空間から伝わるのは、社風そのもの

河口（翔栄クリエイト）

若手が定着しない会社には、それぞれ理由があります。会社が前に進むことに幹部や中堅社員が追われていて、若手が放置されているケースや、若手を育てられる中堅社員が不足しているのに組織の拡大を優先させ、若手が育てられないケースなどがあります。

他にも、そもそも多くの若手を採用して、力のある人は自然に残るということで意図的にふるいにかけている場合もあります。

コムブリッジさんの場合は、イベントを成功させるノウハウを持った幹部社員がしっかりしているので、仕事は順調に集まっているとのことでした。しかし、実行する人が不足しているために請けきれないという、とてももったいない状況

リノベ前のオフィス

のようでした。「コムブリッジさんの場合は何が要因なのだろう」。私なりに調べてみました。

殖栗社長との話を終えた後、ワークスペースを見させていただきました。そこは、いわゆる対向島型の一般的なワークスペース。分社化により社員の半分がいなくなったということで、ワークスペースの奥側が空いている状態でした。

オフィス自体は普通だったのですが、私が違和感を覚えたのは空気感でした。はじめてオフィスを見させていただいたので実態はわかりませんが、上司がちょっと偉そうにしていて、若手は上司に従うという、圧力を感じる雰囲気です。とても若手が生き生きしているように感じられませんでした。

空間から伝わるのは社風そのものです。したがって、何かの要因があるのだと思いました。さらに、それを助長しているように感じたのは打ち合わせの風景でした。イベントの仕事はスピードが大事。お客さまからメールが届いたら、それを見ながら速やかに打ち合わせを進めます。

「ちょっと集まって！」と、先輩社員のパソコン画面が見られるように、先輩の席の後ろに若手社員が立って話しを聞いています。通路が狭いので、椅子を持ってくるわけにもいかず、立つことになるわけです。それが叱られて立たされているようにも見えるのです。実際に叱られている訳ではありません。ただ、圧力を感じる社風の中でそれを続けると、意識しないうちに少しずつネガティブな気持ちが蓄積していき、何か仕事で嫌なこと、辛いことがあった際に、それが噴出する可能性が出てきます。

連続して採用辞退を申し出てきたのは女性とのことでしたが、イベント会社に対して、もっと楽しく生き生きと働けるイメージを持っていたのだとすれば、間逆に映った可能性があります。私は、「上司が偉そうにしていて、若い人が魅力に感じる雰囲気ではないですね」と、かなりストレートに殖栗社長に伝えたのを覚えています。

そして、何がそのような空気感を生み出しているのかの要因を知ろうとしました。

また、組織が分断されているようにも感じました。対向島型のデスクは、4島程度なのに、組織の輪がその中心になく、分散しているように感じたのです。それもリクルーティングの際は、会社がバラバラに見えて、あまり良い印象とは感じてもらえない場合があり、それも殖栗社長に伝えました。

採用を強化するために、オフィスの内装を明るくオシャレな印象に変えたという話を良く耳にします。しかし、いくら明るくオシャレな内装に変えたとしても、上司が偉そうにし、若手が疲弊していたとしたら、その明るくオシャレな内装は違和感を覚え、逆に滑稽に感じるかもしれません。

大切なのは、会社の本質、実態が、入社したいと考えている方にとって魅力的なのか、そしてそれが、空間を通じてそのまま感じられるようになっているかということです。

制作会社は徒弟制度理解して入社しているのでは

殖栗社長（コムブリッジ）

オフィスの相談をしたら、普通はレイアウトとか内装をどうするかという話になると思っていました。ところが河口さんからは、想像していなかった答えが返ってきたのです。「上司が偉そうにしているように感じられ、それが要因ではないか」

私は日々彼らと接しており、そんな中でとても彼らが偉ぶっているようには思えず、そんなことは考えたこともありませんでした。しかし、よくよく思い返してみると、その視点は鋭く、若手の採用に手間取っていたので、経験も実力もある幹部社員と中堅社員で業務を動かしていたのです。

稼げる人間ばかりだったので、収益もどんどん伸びていました。現場でたたき上げられてきた職人の組織となっており、そんな中で生き残ってきた人間が稼いでいる組織になっていたので、見方を変えると、まさに河口さんに言われたような「若い人からすると、上司が偉そうにしている会社」になっていたのだと思います。

コムブリッジで働きたいと思っている求職者は、制作会社が徒弟制度であることは、ある程度は理解しているはず。私がかつて制作会社に飛び込んだときは、「ADってしんどいよ」と言われて入社しました。しかし、この番組制作の主役は私だという自負を持っていました。そこで、若手の面接ときには、「3年がんばれば、この仕事は絶対に面白くなるし成長もできる。主役は自分たちなんだよ！」という話もしてきました。ところが、入社したら「若手が主役なの？」と感じてしまったのかもしれません。

この業界は職人の徒弟制度で、上司＝先輩であり、先輩が強い組織なのです。先輩社員は意識していませんが、若手社員からすると、先輩社員との距離がとてもあると感じるのでしょう。河口さんの一言で、そんな社風になっていたのかもしれないと思いました。

また、河口さんからの「組織が分断されているように見える」という指摘も、その通りで、イベント会社はお客さまごとの完全タテ割り組織です。隣のスタッフが何をやっているか関心を持たなくても仕事には影響が出ません。したがって、当然の流れでそうなっているのだと思いました。

負のスパイラル構造からの脱却を目指す

河口（翔栄クリエイト）

「俺は偉いんだぞ！」。そう思いながら仕事をしている人なんて、そうそう居ません。ですから、何かの要因で無意識にそうなっているのだと思いました。それが、殖栗社長から話を伺うことで、おおよそわかってきました。

イベントの仕事には、イベントを成功に導くためのノウハウを活かした頭を使う仕事と、朝早くから現地に行き、設営をしてお客さまを誘導してアンケートを取って……、という体を動かす仕事があります。ノウハウで仕事ができる人は、体を動かす仕事は若手に任せて、ノウハウを活かした指示を出す仕事をしたいと思うのは、よほど現場好きの人でなければ当然のことと言えます。

ノウハウを持った社員が多いコムブリッジでは、若手社員に体を動かす仕事が集中するのは当然です。仕事に追われて若手社員が離脱することで、残った若手社員に更に仕事が集中してしまう。新しく入社してきた若手にも早期戦力化を求め、長続きしない傾向になる。結果、ノウハウで仕事ができる社員たちが体を動かす仕事をせざるを得ない状況になり、更に若手に……。このような「負のスパイラル構造」が見えてきたのです。

当人たちは、偉そうにしようなんて気持ちはまったくなかったと思います。そもそも業務が二極化しているので、そう思われやすい仕事ということだとも思いました。

そこで殖栗社長に、この「負のスパイラル構造」を説明すると共に、ノウハウを持った社員たちが、本来求める「指示をする仕事」に特化できるようになるために、まず若手社員が楽しく生き生きと働ける環境を皆でつくり上げることが必要だと説明したのです。そして、若手社員が定着し、体を動かす仕事を引き受けてくれることで、初めて自分たちがノウハウを活かした仕事ができるようになるということを伝えました。

河口さんによる幹部社員への説明で、皆が腹落ちする

殖栗社長（コムブリッジ）

河口さんが言ってきたのは、組織そのもの、経営そのものに対することでした。これが経営視点のオフィスづくりなんだと思いました。これは幹部社員も一緒に考えてもらわないと、私一人では何ともならないと感じました。幹部社員を集めたら、河口さんが直接、幹部社員に話しをしてくれると言うのです。

後日、幹部社員に対し、河口さんが話しをしてくれました。翔栄クリエイトさんが手がけて来た空間実例の紹介と共に、空間はつくり方によっては会社をガラっと変えるくらいの力を持っていること。そして、コムブリッジの現在の問題点である負のスパイラル構造と、その解決方法、またそれを実現する次期オフィス構想についても話をしてくれました。

話を聞いた幹部社員たちは、「それくらいやらないと会社は変わらない！」「社長がやるなら任せます」など、意見はさまざまでしたが、皆、負のスパイラル構造と、その解

決方法の話しには、おおよそ腹落ちしたようでした。

空間全体で伝えなければ感情が動かず、行動が変わらない

河口（翔栄クリエイト）

当初、殖栗社長はワークスペース奥の空いていたスペースだけの部分的なリノベーションをお考えでした。しかし、全面的に手がけないと会社は変わらないと感じたのです。オフィス全体から若手が主役という空気感をつくらないといけないと思ったのです。意識・気持ちを変えていくには、空間全体で伝えないと、感情が動かず、頭ではわかっていても行動が変わらないということが起こりうるからです。

そこで、殖栗社長に、オフィスのフルリノベーションの提案をしました。当然、当初想定されていた予算から大きく膨らむことになります。私は、そうしないと会社が変わらないことを説明しました。同時に、いまの課題が解決するのだとしたら、『その変化』

にはいくらくらいの価値があると思うか、その金額よりリノベーション工事金額が安ければやった方が良いですし、高かったら止めた方が良いという空間投資の考え方をお話しました。

また、一部分をリノベーションしても会社は変わらないと思うので、それであればリノベーション自体を止めたほうが良いという話もしました。

まず設計契約のみでプロジェクトをスタート

殖栗社長（コムブリッジ）

河口さんからフルリノベーションの提案がありました。予算の問題もありましたが、それを行って会社が本当に変わるのであれば良いと考えていました。翔栄クリエイトさんが手がけた数々の事例を見ていると、実際に会社が変わった所は多いでしょうし、次期オフィスのゾーニング構想はもらっていたので、おおよそどんな感じになるのかの想像はつきました。

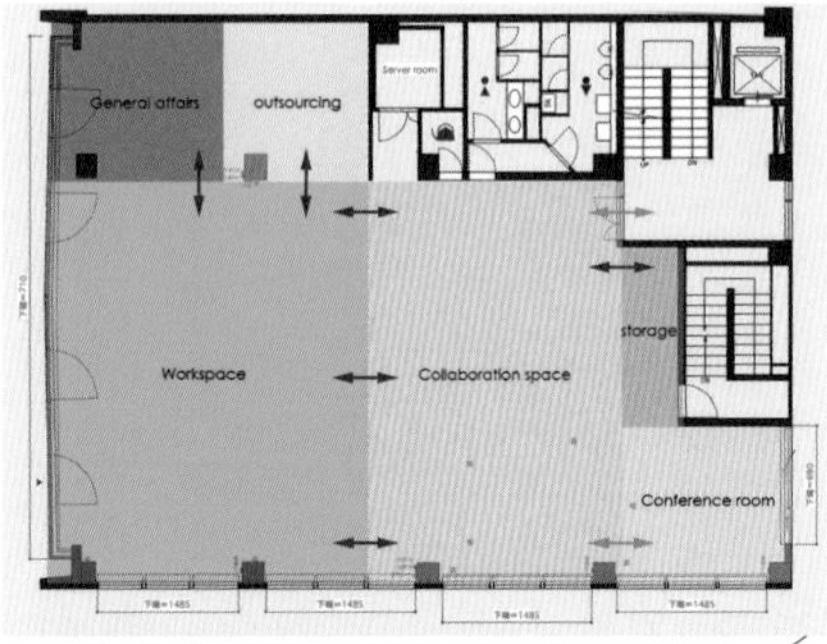

初期ゾーニングA

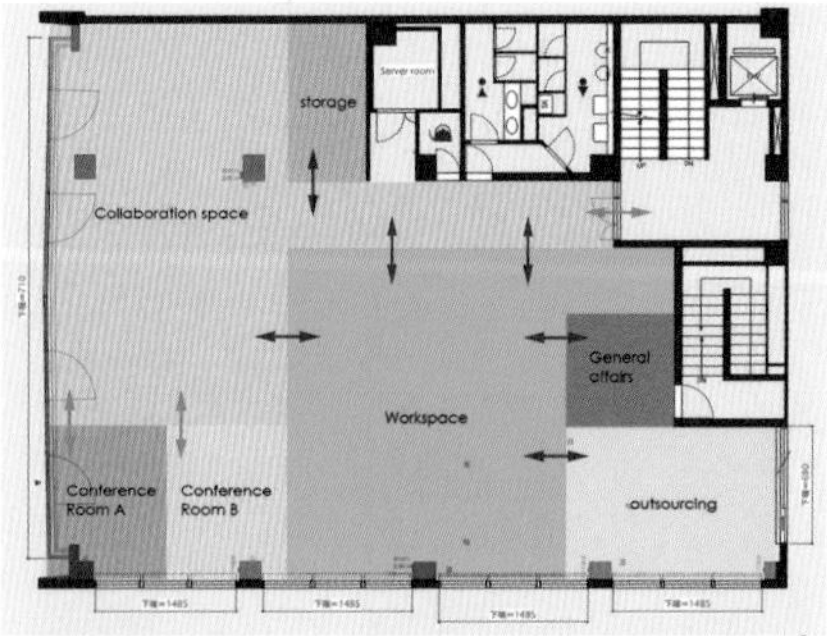

初期ゾーニングB

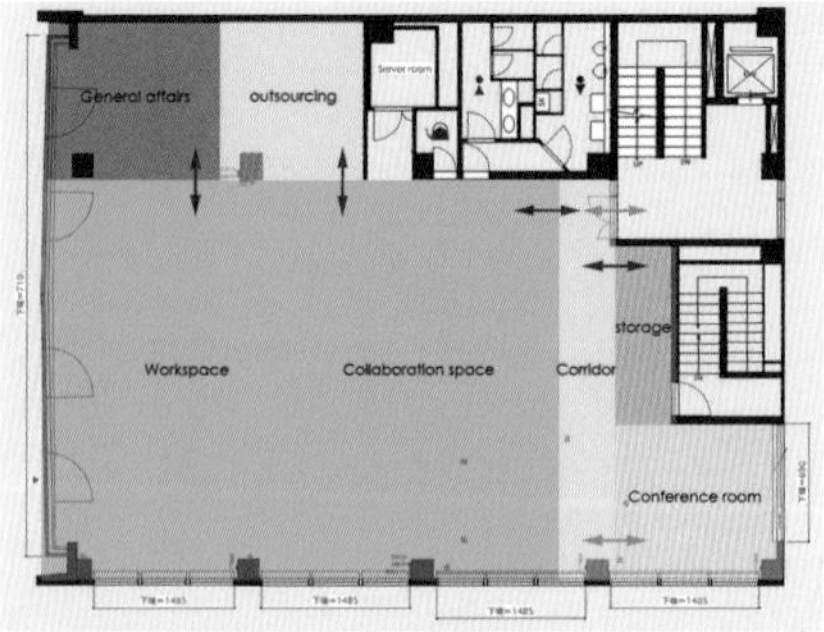

初期ゾーニングC

しかし、本当にコムブリッジが変われるのか、不安でもありました。

当初より予算額が大きくなっていたこともあり、レイアウトやCGデザインパースを見ないと軽率には判断ができないし、幹部社員の皆の合意を得るためにも、具体的なものがないと進まないとも思いました。なので、まず設計デザインのみを依頼することにしました。最悪、設計をしてもらってピンと来なかったら、そこで止めればいいという判断です。そうなると設計費はもったいないかもしれないけれど、それだけ期待も大きかったですし、同時に見てみないとジャッジができないとも思いました。

結局、翔栄クリエイトさんには、設計契約はするが、施工はやらないかもしれないという前提でプロジェクトをスタートしてもらいました。

社長が会社をどうしたいかとレイアウトは直結している

河口（翔栄クリエイト）

日本では、まだまだ「頼むのは内装工事であり、設計なんて無料でしょ？」という無形サービスに価値を見出してもらえない風潮が根強いと思っています。そんな中で、設計のみ依頼をして、それを見てリノベーションを行うかどうかを決めるなんて、本当にうれしく思いました。それだけ当社の空間づくりに期待をしてくれていたのでしょうし、また同時に、絶対に期待を裏切ることはできないとも強く思いました。

当社の設計の進め方は、「社長が会社をどうしたいか」をレイアウトとリンクさせながら形にしていきます。「どうしたいか」とレイアウトは直結です。こうしたいなら、こういうレイアウトが良い。また、こういうレイアウトにすると、こういう社風に変わっていきますという感じです。

複数パターンを出して、どちらで進めますか？　ということを何度もやっていきます。

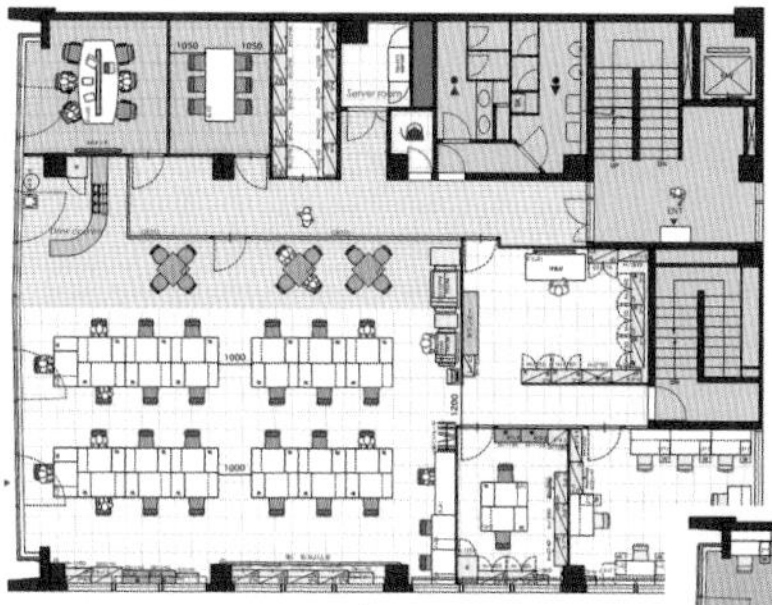

初期プランA

初期プランB

FIXレイアウト

そして、何度か打ち合わせをした結果、レイアウトが決まりました。

まず、社風を体現する若手社員も幹部社員も一緒に生き生きと働く場をつくります。そして、そこを採用面接の際に見てもらうのです。とてもシンプルな仕組みです。

ワークスペース中央にコミュニケーションスペースを設けます。パソコンの画面を見せながら打ち合わせをするノウハウを持った社員は、なるべくミーティングスペース側に座ります。自分の座席の後ろにはミーティングチェアがあるので、若手社員に集まってもらった際は、立ったまま話しを聞いてもらう必要がなくなります。

そのコミュニケーションスペースは組織の輪の中心です。何かをするときは、とにかくそこに集まります。そこを若手社員が楽しそうに働ける場にするのです。

空間には、社員がそこに身を置くだけで動きが自然に変わり、社風が変わっていく場合と、意図的に動きを変えることで、それが習慣化されて社風が変わっていく場合があります。コムブリッジさんの場合は後者で、空間をつくっただけでは自然に社風は変わらず、社長を含めた幹部社員が、意図的にそのようにしなくてはなりません。

それにより習慣化され、社風が変わるということです。

採用面接用の会議室は、コミュニケーションスペースの延長上に設け、壁をガラスにしました。そうすることで、会議室に座っていると、会議室という個室空間にいる落ち着きを感じながらも、ワークスペースの中にいるように、普通に働いているシーンを感じられるようになっています。コミュニケーションスペースで若手社員が生き生きと働いている姿を肌で感じられるような仕組みにしました。

夢や目標が社員のモチベーションをつくる

次はデザインをどうするかの検討に入りました。

「夢」や「目標」。それが社員のモチベーションの源泉になることは多いでしょう。コムブリッジさんの場合は、夢や目標をどこに置くべきかを考えていました。私は、イベント事業の成功をゴールにするのではなく、〝その先〟にゴールを置きたいと考えていました。

イベント会社で働きたいと思う人は、楽しいことを実現させたいと思っている人が多いような気がして、そんな人たちの集団と考えたとき、夢は大きい方が良い。イベント事業はあくまでも通過点で、もっと先にゴールがあり、そこを追いかけているようなイメージの方が会社全体のモチベーションをつくっていくのは良いと考えていました。

ただし、無理やりそんな話をつくっても、実態が伴っていなかったら意味がありません。殖栗社長と話をしながら、ずっとそのヒントを探していました。

当社は、何をやってもいい会社

殖栗社長（コムブリッジ）

河口さんが、やたら、「先々もっと実現させたい事業とかはないのですか？」と聞いてきました。急に言われても具体的に決まっていないものを言うわけにもいきません。よくよく聞くと、もっと先にゴールがあるようにしたいとのことです。やっと言いたいことがわかりました。

「そういう意味では、当社は何をやってもいい会社ですよ。旅館を経営したければそれでも良いし、ちゃんと事業になるのであれば何をやったって良いんです。実際、過去に映画をつくったこともありました。イベント事業は応用力とか、やりきる力とか、そういう人間力を鍛える場というか、そういうことの軸になると思っています。例えば悪いかもしれませんが、いま、大災害が起きたとしても、多分、当社のメンバーは生き残ると思いますよ（笑）」

河口さんが、求めていた答えが出てきた！　という顔をしていたのを覚えています。（笑）

夢や目標を空間に落とし込む理由

河口（翔栄クリエイト）

〝イベント事業の先〟のゴールが見えてきました。そのゴールをどのように空間に落とし込もうか。ポイントは、通常業務の中で自然に感じられること。そして、それを行うにあたって社員の手間が、あまりかからないこと。デザイナーからデザイン原案が出てきたときに、思わず「おお〜〜！」と言ってしまいました。

壁面に大きく書かれた「Ｄｒｅａｍ」の文字。その文字がホワイトボード素材となっ

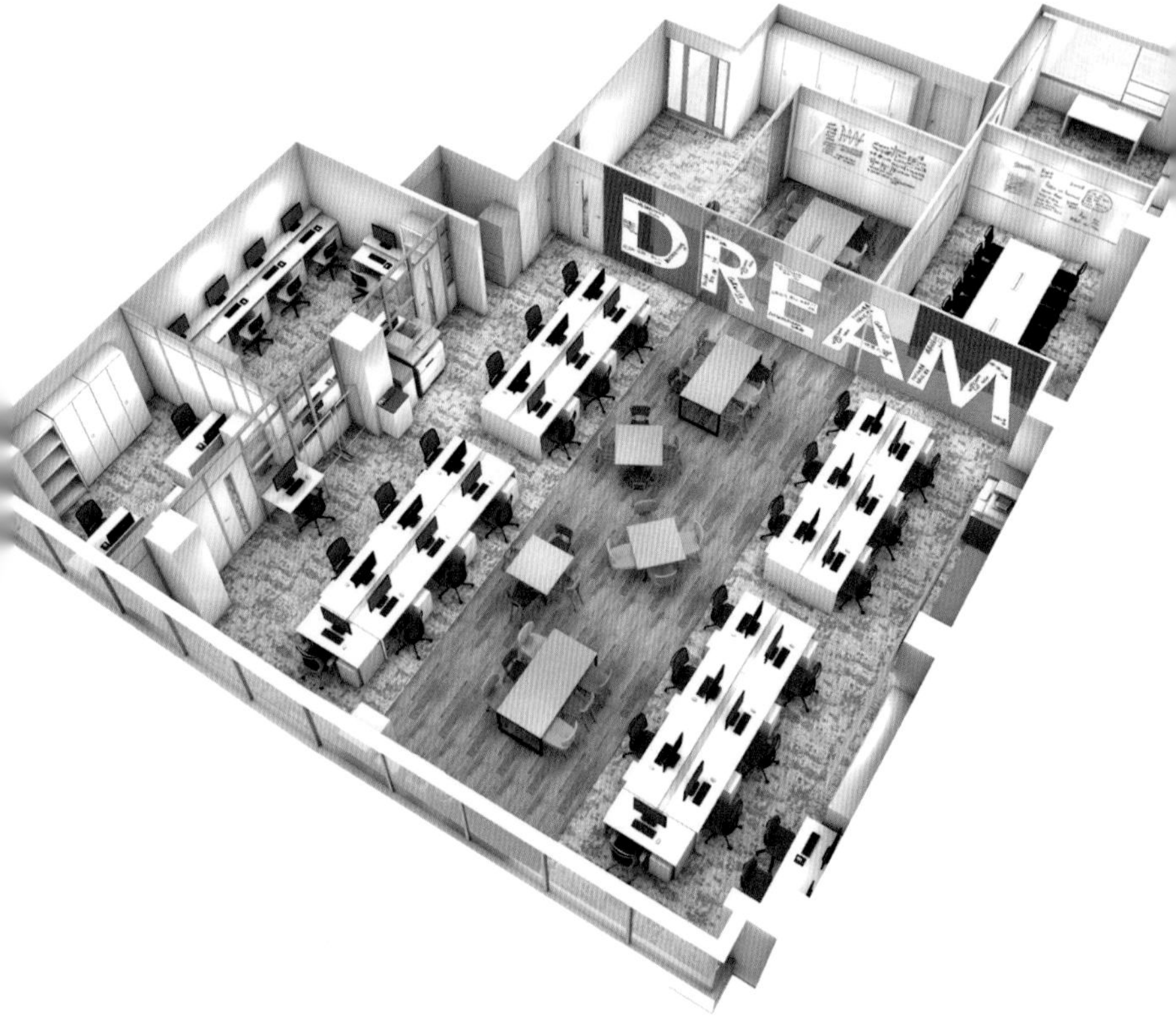

デザイン原案

ていて、夢を書くことができるのです。

たしかにこの仕組みはわかりやすいと思いました。ワークスペースと会議室の間のガラスに大きく文字が貼られることになるので、会議室側から見ると、大きなアルファベットの一部が見えて、明らかにワークスペース側から見たら何か書いてあるように感じ、ワークスペースに入って見たくなるでしょう。

社員の皆さまに「いつか実現させたい事業」をそこに書いていただいたとしたら、面接者がワークスペース内に入ったときに、あきらかにイベント会社とは関係のないビジョンがたくさん書かれているのを見て、「ん？　あれは何ですか？」と、気になり、質問をしてくるでしょう。それに対して、「当社はイベント会社ですが、イベント事業は通過点としか考えておりません。もっと先の……」という話につながり、コムブリッジさんのビジョンを話す会話につながる。そして、それを書くのも期初やお正月など、年に一度は書くことにしておけば、社員のモチベーションにもなるでしょう。

「Ｄｒｅａｍ」は仮の言葉です。こういう壁面に象徴的に記す言葉は、企業の理念やコンセプトなど、事業に直結した言葉が良く、それは殖栗社長に考えていただくのが良いはずです。実際に「Ｄｒｅａｍ」という形のホワイトボードを取り付けましょうということではありません。「Ｄｒｅａｍ」という言葉はストレート過ぎて、ちょっと恥ずかしいですし（笑）。「Ｄｒｅａｍ」はないわ～（笑）と思いながらも、提案することにしました。

いい言葉が出ずに、残念だがホワイトボードは、なし

殖栗社長（コムブリッジ）

翔栄クリエイトからデザインパースが出てきたときに、「これは面白い！」と思い、すぐに設計から先もお願いすることに決めました。

壁に大きく書かれた「Ｄｒｅａｍ」の文字は「なんだこりゃ？」（笑）と思いましたが、その説明を聞いて面白いと思ったのです。文字の形をしたホワイトボードに夢を書く。たしかにそうしたら、採用面接者は嫌でも目に付くでしょう（笑）。

そして、年に一度書くだけであれば社員の負担にもならず、また皆で先のことを考え

るきっかけにもなる。考え方は非常に面白い。しかし「Ｄｒｅａｍ」はないわ～と思いました（笑）。

そして、「Ｄｒｅａｍ」に替わる相応しい言葉を考えてほしいというのです。言っていることはわかる。しかし難しい……。

なんか楽しそうだし、とてもいい提案だったので実現したかったのですが、いろいろ考えましたが、良い言葉が出てきません。とても残念でしたが、言葉のホワイトボードはなしで進めることにしました。

経営者が考えていないような別の可能性を提案する

河口（翔栄クリエイト）

空間をどのようにしていくか。その打ち合わせをする際に気をつけていることがあります。それは、経営者自身にも、どうすべきかが見えていないときがあるので、言われた通りのことを本当の正解とは思わないことです。ですから、経営者が考えていないような別の可能性をどんどん提案していきます。

同時に気をつけていることが、感化しすぎないことです。こちらが根拠付けて提案することに対し、社長は空間のプロではないので、「それが当社にとっての正解だ！」と思い込んでしまうこともあります。それが企業の実態とそぐわなかった場合、機能しないオフィスが出来上がってしまうことになってしまいます。ですから、「本当にそれでいいのか」を冷静に考えていただく場も大事にしています。

どんどん社長が考えていないような提案をしながら、同時に、冷静に「本当にこれでいいのか」を考えていただく、その繰り返しが、その企業にとって、その時点で考えられる正解に限りなく近いプランへとたどり着く方法だと思っています。

社風が変わり、採用に困ることがなくなった

殖栗社長（コムブリッジ）

会社は本当に変わりました。若い社員が元気に働いている会社になったと思います。また、チーム内での意見も活発になってきました。それは、先輩社員から若手社員がいろいろと吸収し、意見を言えるようになったからだと思います。

リノベーション前は、ワークスペース中央にミーティングスペースがあることで社内が分断されてしまうのではないかと心配していたのですが、実際は、そこを中心に言葉が行き交うようになったので、以前より一つにまとまっている感じがします。以前は、チーム内だけで盛り上がっていたのが、いまでは仕事以外の話でも皆で盛り上がっている感じです。

また、情報共有面でも大きく変わりました。以前は、打ち合わせを会議室でやっていたので、他のチームが何をやっているかがわからなかったのですが、いまは中央のミーティングスペースで打ち合わせをしているので、その会話が自然と耳に入り、他のチー

ムが何をやっているのかを感じられるようになったのです。また、別のチーム宛に自分のお客さまが来たこともわかるので、挨拶がしやすくなったのも大きいですね。

採用についても大きく変わりました。オフィスを変える前は社員数20名ほどでしたが、そこから若手社員が10名ほど採用できたんです。辞めた人もいるので純増ではないですが。もう以前のように若手採用に困ることはなくなってきました。

このビルは1階が銀行で、建物の年数も経っているので、ビルのエントランスに入ってもイベント会社がこのビルに入っているような雰囲気が感じられません。その雰囲気の中、エレベータで上がってきた面接者は、エレベータを降りてオフィスが目に入ると、ホッとするようです（笑）。

こういう側面は、自分たちだとわからないですよね。また、採用面接時に、会議室のガラスの向こうはワークスペースなので、「うちの会社は……」など細かく説明する必要がなくなりました。会議室に座っているだけで、どんな会社なのかが肌で感じられるのが大きいですね。逆に、社員からも面接中の求職者が見えているので、入社してくるときには、あのとき面接していた人だ！　とわかっているので、歓迎する気持ちもわきやすいようです。（笑）

想定していた以上に変化が早く、驚く

河口（翔栄クリエイト）

オフィスが竣工した翌月、新しいオフィスで行われた竣工パーティーにお招きいただきました。その際、オフィスに入った瞬間に「すでに会社が変わっている！」と感じました。

以前からずっとそういう会社だったかと思えてしまうほど、自然に若手社員も中堅社員も垣根なく生き生きと楽しそうにしているのです。想定していた以上に変化が早く、驚きました。

この新しいオフィスは、面接の際、会議室からワークスペースがガラス越しに丸見えです。これが採用において、吉にも凶にもなる可能性がありました。ガラスの向こうにありのままの会社が感じられるので、若手社員が生き生きと働く会社に変化していれば良いですが、変化していなかったら、それもそのままストレートに伝わってしまうため、マイナスに働いてしまうからです。しかし、その心配はまったくないと感じました。

会社をどうするかを考えさせられたリノベーションプロジェクト

殖栗社長（コムブリッジ）

今回のリノベーションプロジェクトでは、とにかく自分がリーダーとして会社をどうするか、どの方向へ持っていくべきかを日々考えさせられました。「会社をどうしますか?」。それを常に求められ、それを決めていかないと進まないのです。しかし、これがなかなか決まらない。河口さんが提案してくることの方が「たしかに、それもあるな」と、的を射ていたこともありました。以前、他の設計会社とオフィスを考えたときとは本当にまったく違いました。しかし私にはそれがフィットしました。「オフィスをこうしたら、会社はこうなっていきますよ」ということを親身になって提案してくれたので、方向が決まれば後の進みは早かったです。

また、プロジェクト中盤、幹部社員に対して、徐々に形になってきた新オフィスの説明をすると、イベント屋の魂に火がついたようで、全員にスイッチが入り、皆が面白がってプロジェクトに参加してくれました。(笑) その期間もよかったと思います。皆が、オフィスを変えて会社を変えようという気持ちになったことが、会社を変える速度を上げたようにも感じました。

会社のステージとしても、ちょうど「会社が変わることが、私たちにとってあるべき道」と思い始めていた時期だったので、タイミングも良かったのだと思います。

新型コロナウイルスの影響を、イベント企画・制作を行っている当社は大きく受けました。しかし、もともと映像制作にも強みがあったこともあり、オンラインイベントへ幅を広げ、現在は、ありがたいことに多くの仕事の話をいただいております。

外出自粛のテレワーク期間中、お互い顔を合わせない中で、クイックな舵取りができましたが、元の社風のままだったら、ここまでスムーズにいかなかったかもしれません。

バリオセキュア株式会社

意識をさせずに社長の描く社風に変える、空間づくり

「女性の営業職採用の強化」と「エンジニアの働きやすさ」の両立を追求

稲見吉彦社長（バリオセキュア）

課題の女性営業職の採用を強化したい

２０１６年5月、ようやくオフィス移転が決まりました。

当時のオフィスは親会社との同居で手狭になっていたこともあり、以前から移転は計

画していました。なかなか良い物件に出会えず、ようやく見つかったと思ったら、事情により移転が延期になるなど、そんな中で再浮上した、満を持してのオフィス移転でした。

バリオセキュアは、インターネットセキュリティサービスを提供する企業です。独自に開発したネットワークセキュリティ機器と監視システムを使い、運用・監視・サポートに至るまで一貫したサービスを提供しています。私は2010年7月、技術担当の取締役としてこの会社に参加。2012年5月から代表取締役を務めています。業績は右肩上がり、社員数も順調に増えています。

翔栄クリエイトの河口さんとは、2015年に行われた河口さんが登壇していたセミナーの聴講をきっかけに知り合いました。そのセミナーを聴いてから、空間づくりのパートナーは翔栄クリエイトさんだと決めていました。見た目や形から入るのではなく、クライアントの望む方向に納得感の高い着地点を一緒に探す会社であると感じたからです。お客さまに対する想い、仕事の進め方、カルチャーも当社に合っていると感じていました。「何をやるかではなく、だれとやるか」。バリオセキュアは、これを大事にしていますから。

当社の課題は採用です。しかし、それは単に人が採用できなくて困っているわけではありません。私はバリオセキュアを、いまの「高い技術を持つＩＴ技術屋集団」という印象から、高い技術力をベースに、さらに「しっかりと法人提案が行えるソリューション提供企業」という印象に変えていきたいと考えており、特に女性が高い知識レベルでしっかり提案をしていく、そんな会社にしていきたいと思っていました。

しかし、その女性の営業職採用が思うように進まなかったのです。

相反する職場環境を融合させ、社長の描く社風への変革に挑戦する

河口（翔栄クリエイト）

「オフィス移転をする可能性が出てきたので、早速、打ち合わせをお願いします」と連絡をいただきました。移転延期後、しばらく経っていたので、急な移転計画の浮上にとても驚きました。

移転先は、神田・神保町エリア。ＩＴが活況な渋谷からの移転となるが、稲見社長の

気さくで暖かい人柄は、渋谷より神田・神保町エリアの方が合うと感じていました。

移転予定日まで約4ヵ月。かなりタイトなスケジュールでしたが、すでにオフィスリノベーションを行わせていただいたことがあり、バリオセキュアさんがどこを目指すのか、それにはどのような空間が必要なのか、ある程度は把握していたので、期間が短くても問題なく移転できると思っていました。

直面している課題は採用とのこと。しかし、本当の課題は、「高い技術を持つＩＴ技術屋集団」から、「しっかりと法人提案が行えるソリューション提供企業」への社風の変革だと捉えました。私は、稲見社長の頭の中ではバリオセキュアはすでに次のステージに行っており、そこに会社が付いてきていないと感じているように思いました。なかなか難しいとされる社風の変革。私も多くの経営者と話をしますが、「本当に社風って変わるの?」と言われるくらい社風というのは会社に深く根付いているものです。

特に稲見社長が描く社風の変革は難しいと感じていました。

一般的にＩＴ技術屋集団のオフィスは、場所を問わず、機器や配線で雑然となりがちです。その雑然とした中で、エンジニアが黙々と仕事をする。そんな社風が目立ちます。

ＩＴ技術担当から話を聞くと、別に雑然としたオフィスが好きなわけではなく、生産性を上げるにはいろいろと考えながら試行錯誤を繰り返していく必要があり、機器を使い終わる度に片付けて、また使用するときに持ち出していてはとても非効率。やはり、いつでも必要な機器に触れられる環境の方が良い。仕事の生産性を追求していくと自然と雑然になっていくとのこと。バリオセキュアさんのオフィスもそれと同じ傾向にありました。

採用したいのは、知識があり、キリっとした感じの女性の営業職とのことでした。率直に言うと、そのようなタイプは、雑然とした中で黙々と仕事をするIT技術屋的な雰囲気を敬遠する傾向が強いでしょう。女性は、やはりキレイで明るく整頓された

移転元

環境で、女性が生き生きと働いている、そんな社風を好みがちです。

次のステージでは、優秀な女性の営業職を採用する必要がある。だからといって、キレイで明るく整頓されたオフィスに変えると、今度はエンジニアが機器の片付けを、その都度強いるようになり、仕事の生産性が下がる可能性が出てきます。あくまでもバリオセキュアは高い技術を持つ技術者集団がベースです。オフィス環境により、エンジニアが窮屈な思いをするようでは本末転倒です。エンジニアにとっては機器を出しっぱなしにしておける環境で仕事に邁進できる雰囲気の方が望ましいのです。

ポイントは、採用したい人材層と、要となる人材層が求める社風が相反しているということ。仮に2部屋に分けて、それぞれが魅力に感じるようにすれば良いかと言うと、営業とエンジニアの連携が大事なバリオセキュアさんにとって、両者がバラバラになってしまうのは望ましくありません。このことから、この相反する社風を、どのように融合させるかを考える必要が出てきたのです。

チャレンジする企業イメージが伝わる空間づくりへ

稲見社長（バリオセキュア）

もう一つ、河口さんにお願いしたことがありました。それは、バリオセキュアが〝他社とは違った、何か面白い、何か変わったことをしてくれる、そんな可能性を感じる企業〟であることが伝わるようにしてほしいということでした。

インターネットセキュリティの分野は日進月歩。積み重ねた経験と実績を売りにしている企業もありますが、バリオセキュアは、それ以上に、既成概念に捕らわれずに、どんどん新しい可能性にチャレンジしていく、そんなスピード感と発想力が大切と考えているためです。

当時のバリオセキュアのオフィスは、親会社と同居していたため、エントランスや会議室は親会社と共有。親会社のエントランスにバリオセキュアの社名も掲示されていた感じだったので、その場からバリオセキュアらしさは伝わっていなかったと思います。

またワークスペースは、翔栄クリエイトさんに少し手を加えてもらって雰囲気は変わりましたが、それでも基本はワークデスクが並んでいるだけの場でした。ＩＴ技術屋集団的な雰囲気が強かったのです。

次はバリオセキュア単独のオフィスとなるので、翔栄クリエイトさんがどのようにバリオセキュアを表現してくれるのか、それにとても興味がありました。

社風の変革と採用の強化は、表裏一体

河口（翔栄クリエイト）

稲見社長とお会いした当初から思っていたことですが、バリオセキュアさんの魅力の一つは、何と言っても稲見社長の「遊び心」！（笑）。稲見社長にお会いする度に、ちょっと変わった面白い販促品をいただけるのです。稲見社長からは、人を脅かせたい、楽しませたいという気持ちがとても伝わってきます。稲見社長の「遊び心」がそのまま空間を通じて伝わること。それが、稲見社長から言われた、もう一つのご要望をかなえるこ

稲見社長にいただいた数々の販促品

とに直結すると考えました。

オフィスで採用を促進する。さっそくプランニングに入りました。その際に大切なのは、採用応募者に「ここで働きたい！」と思ってもらえるシーンを見ていただくことです。しかし一般的によく見られるのは、採用が促進されそうな〝内装〟を見せようとしているオフィスです。かつては、おしゃれなオフィスをつくって、そこで働く姿を募集サイトに掲載すれば、「こんなオシャレなオフィスで働きたい！」という人が集まってきたころもありましたが、もう古いですね。オシャレなオフィスだらけになってきた現在ではそんな話は通用しません。

採用応募者が見たいのは、お金をかけて工事をした内装ではなく、その会社の雰囲気や魅力です。本当は楽しくないのに楽しそうな会社に見える内装をつくる。本当は技術力が高くないのに高そうに見える内装をつくる。そんなことをして採用をしても入社後すぐに実態はわかるので、お互い不幸になるだけです。大切なのは、空間を通じて実態が伝わるかどうかです。

実態が採用応募者にとって魅力的ではないのであれば、まず魅力的な会社（社風）に変えること。そして変わった社風を採用応募者に見てもらうこと。社風の変革と採用の強化は、表裏一体ということです。

空間づくりは、スペックよりも会社をどうするかが重要

稲見社長（バリオセキュア）

私は、コンセプトやオフィスのデザインについて、あえて「これ」といったイメージや先入観を持たないようにしていました。「エントランスはこの場所へ。会議室はいくつ、座席数はこのくらい」など、スペックの話が中心になると、空間づくりの本来の目的を実現するための「自由なイメージの広がり」を阻害してしまうと考えたからです。したがって、打ち合わせは河口さんにリードしてもらおうと決めていました。

河口さんは、打ち合わせが始まると、「オフィスをこのようにすると、社員の仕事のスタイルが〇〇のように変わっていきます。逆にこのようにすると、△△のように変

わっていきます。御社の次のステージを考えたときには、前者の方が合うと思うのですが、どうですか?」など、終始オフィスをどうするかといった話やスペックの話にはならず、会社をどうするかという話をしてきます。

男性は〝見た目〟、女性は〝利便性〟を重視

河口(翔栄クリエイト)

まず、「何を見れば、ここで働きたいと思ってもらえるか」を考えました。通常であれば、採用したいターゲットのペルソナを考え、その人材層に魅力が伝わる空間をつくり上げていけば良いのですが、バリオセキュアの場合は、女性営業社員とエンジニアとでは「何を見れば」が大きく異なります。その異なる「何を見れば」を、それぞれどのように伝えて行くかの思案に入りました。

以前、カーディーラーの方から、こんな話を聞いたことがあります。自動車を買うとき、男性と女性では見る所がまったく違う。男性は〝まわりからの見られ方〟を重視する傾

向が強く、少々運転席が狭くても、乗り心地が快適でなくても、まわりから羨ましがられるような自動車であれば、気にならない人が多いそうです。一方、女性は利便性を重視する傾向が強く、乗り降りがしやすいか、買い物の荷物が置きやすいか、子どもが安全に乗れるかなどの〝見た目〟もよりも、〝利便性〟を優先させる方が多いとのことでした。

私は、この話を軸に空間を組み立てることにしました。

対外的な〝見た目〟となるゲストエリア（エントランス～会議室）をエンジニア向けに、利便性に直結する実際に働く場であるワークスペースを女性営業向けにターゲットを据え、極端に空間印象を変えることを考えました。

ペルソナとして、ゲストエリアは30才前後の男性エンジニアを想定し、「技術力の高さ」「遊び心」「ワクワク感」を感じられるように、ワークスペースは30才前後の女性営業を想定し、明るい空間で女性が生き生きと働く姿が感じられる空間にしようと考えました。

しかし、これでは単にエリアを分けただけです。エンジニア希望の採用応募者にゲストスペースで魅力を感じていただいたとしても、実際に働くワークスペースを見たときに、そこが都度片付けを強いられるような、エンジニアが伸び伸び働いていなさそうな場であったとしたら、大きなギャップを感じてしまいます。そして社風・空間から伝わるギャップは不信感を抱かせることにつながります。

オフィスの場所ごとに伝わるメッセージが変わるのはいいですが、社風とリンクする本筋のメッセージは、空間全体を通して一貫している必要があります。このことから、ワークスペースも、女性営業が生き生きと働く雰囲気を感じる空間でありながら、同時にエンジニアにとって伸び伸びと仕事に邁進しているように感じる、両方を兼ね備えた空間であることが必須と考えました。

何がどう伝わるか、感情の動きがわかれば、具体的なレイアウトは、その次で十分

稲見社長（バリオセキュア）

複数のレイアウトパターンの提案をもらいました。提案をしてきているのに河口さんは、「これは提案ではありません」と言います。あくまでも、次のバリオセキュアに近い未来イメージの意識合わせをするための題材とのことでした。

実際に打ち合わせが始まると、確かに〝提案〟ではありません。通常はレイアウトの打ち合わせをするときは、どこに何が来て、使いやすいか、通りやすいか、遠い近いなどの話になりますが、採用応募者、見込み客、社員それぞれに、このレイアウトだと、何がどのように伝わるのか、そこから想定される感情の動き、そこから生まれる社風、それを踏まえて、どれがいちばん次のバリオセキュアに近いものになるのかという話しがメインです。

具体的なレイアウトは、それがわかればどうとでもなるとのことでした。

デザインを選ぶのは、次のステージがどうあるべきかを選ぶことと同義

河口（翔栄クリエイト）

打ち合わせを重ねた末、レイアウトの基本形が決まりました。

次は、デザインの検討です。

デザインは、空間の象徴となるエントランスデザインを軸に他のエリアへ広げていきました。ただ単に意匠的にカッコいい空間にするのであれば、オフィスデザイン会社が提案してきたデザインの中から、好みで選べばいいのですが、社風の変革、その先の業績向上につながる空間をつくる場合には、それではいけません。空間から伝わる印象は、次のステージのバリオセキュアそのものです。デザインを選ぶということは、次のステージのバリオセキュアがどうあるべきかを選ぶことと同義となるためです。

私の中で、一つの軸は決まっていました。それは〝ほどほどに費用がかけられている印象〟を受ける空間であること。それは一般的に、差別化された専門ノウハウを持ち、

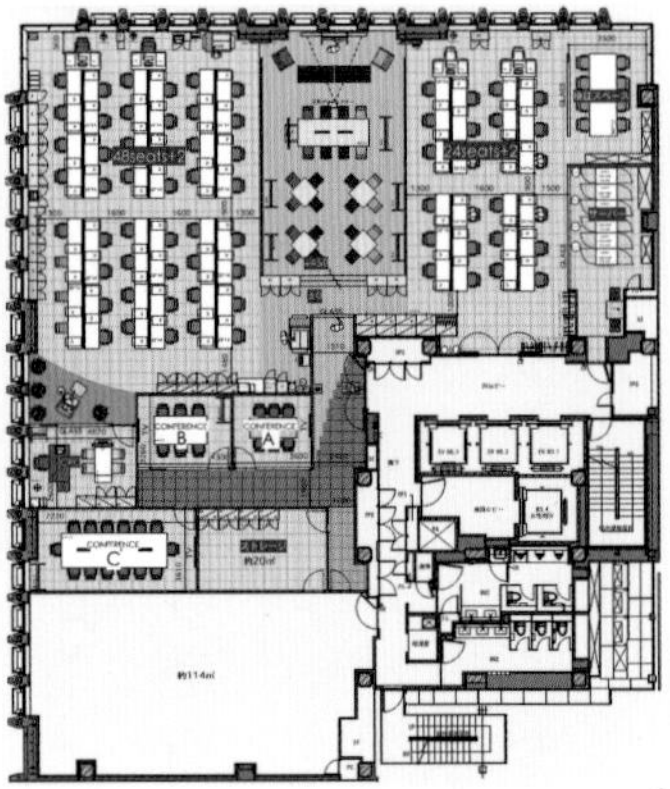

初期プランA

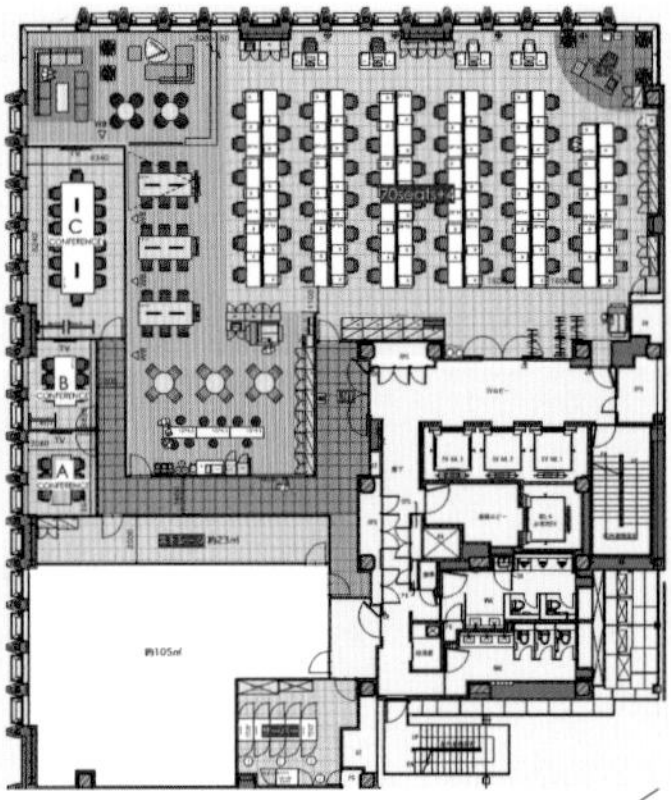

初期プランB

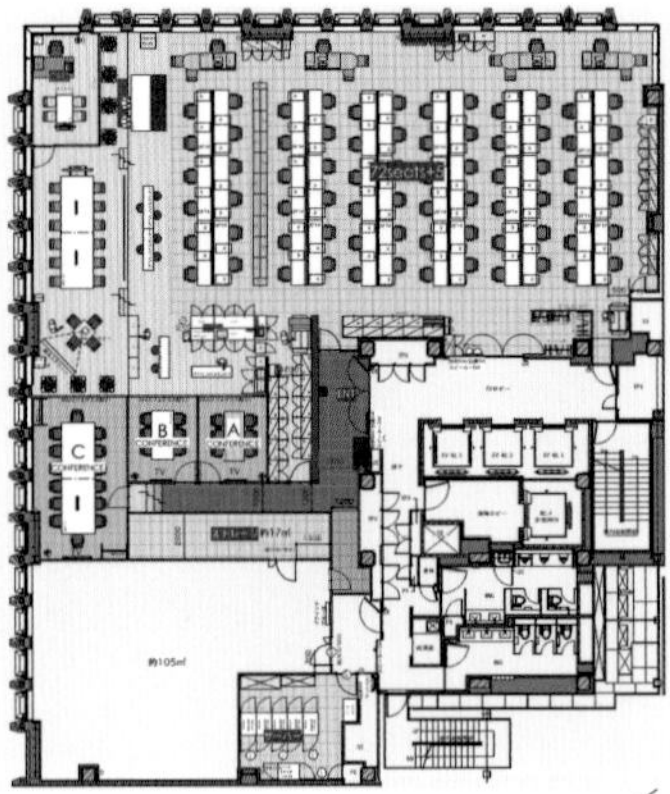

初期プランC

高いレベルのソリューションを提供している企業であれば、当然仕事が多く集まっているはず。収益もしっかり上がっていることから、空間にも無理なくほどほどに費用がかけられていると想定されがちであるためです。

バリオセキュアさんの次のステージは、「高い技術力をベースに、しっかりと法人提案が行えるソリューション提供企業」です。このことから、ほどほどに費用がかけられたしっかりとした印象の空間が有効と考えました。それが、安っぽい印象を受ける空間であった場合、口では業績好調と言っているが、実際はあまり仕事がないのではないか。逆に、お金をかけ過ぎている印象の場合、身の丈をわかっていない、虚勢を張っている、そんな印象に映り、不信感を抱かせる可能性が出てくるわけです。

エスコートはしてくれるが誘導はしない
流される心配がないので、やりやすかった

稲見社長（バリオセキュア）

翔栄クリエイトからエントランスデザインの提案が出てきました。

ゲストスペースを極端に男性エンジニア対象にするとのことで、サイバーな印象を受ける空間の黒基調のA案と白基調のB案。そして、やや高級感を感じるC案の3案でした。

想像以上に、最先端を感じるサイバーなデザインに「おおおお〜！」と思いました。しかし、なぜC案が出てきたのか、いまいちわかりませんでした。

話を聞くと、打ち合わせの中で、私が想像しているエントランスのイメージが、やや上品・高級な感じかもしれないと思える会話があったようで、可能性は高くないと思ったが念のためC案を提案したとのことでした。私はまったく意識していなかったのですが（笑）。

河口さんとの打ち合わせは、しっかりエスコートをしてくれるが誘導はしない。ちゃ

提案したエントランスデザインA

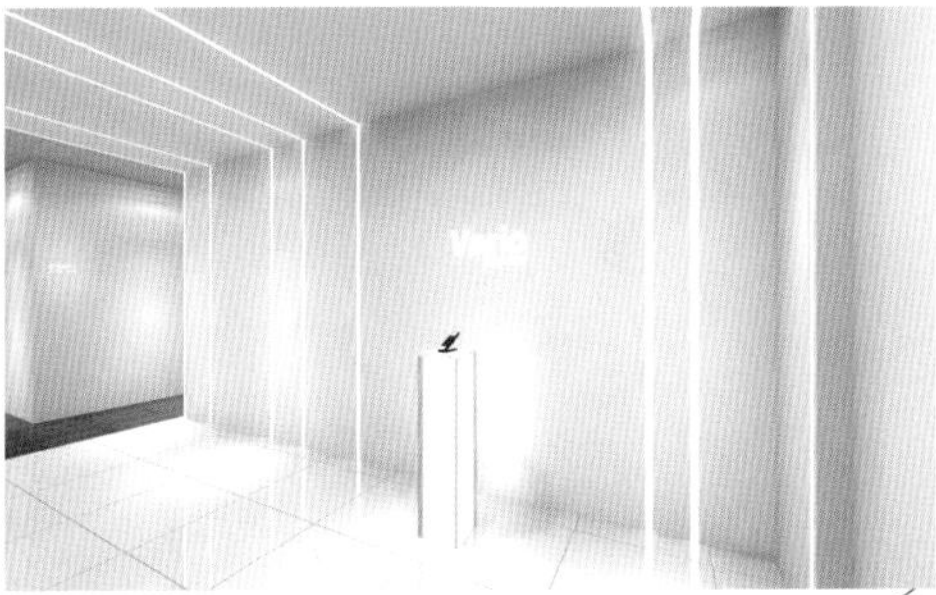

提案したエントランスデザインB

提案したエントランスデザインC

んと理由を説明したうえで、こちらで判断・選択ができるように話を進めてくれます。誘導をしていくスタイルの打ち合わせの場合は、流されているのではないか、本当にこれで良いのかなど、自らブレーキを踏む必要も出てきますが、河口さんとの打ち合わせは、「本当にこれで良いのか考えてください」と、必要な所で選択を迫られるため、大変ではありますが、流される心配がないので、やりやすかったと思います。

A案・B案の印象と効果の違いを聞きました。白基調と黒基調では全然印象が違います。それが、次のバリオセキュアの印象としてどちらが合っているかということを考えてほしいとのことでした。

あらためて次のバリオセキュアがどのようなイメージなのかを考えました。そのイメージが徐々にエントランスイメージとつながってきて、私は最終的に黒基調のA案をベースにデザインを組み立ててもらうことにしたのです。

当社のイメージを押し付けず、可能性を潰さない

河口（翔栄クリエイト）

デザイン提案を行ううえで注意しなくてはならないのは、当社が思い描くイメージをお客さまに押し付けないことです。

「高い技術力をベースに、しっかりと法人提案が行えるソリューション提供企業」。この印象を伝える表現方法は一つではありません。当社としてはA案・B案が良いと考えていましたが、稲見社長との打ち合わせの中で、ひょっとしたら、上品・高級なイメージを持っている可能性があると感じる場面もあり、念のためC案も提出しました。

大切なのは稲見社長がどのようにイメージしているか。空間から伝わる印象は、次のステージのバリオセキュアそのものだからです。仮に、稲見社長がC案のようなイメージを持っていた場合、当社のイメージとは大きく異なりますが、大手ＩＴ企業も、重厚感・高級感のあるエントランスにしている所も多く、バリオセキュアさんがそのように

したとしてもおかしくはありません。

まずは可能性を潰さないことが大事で、稲見社長とイメージが共有できた後に、どのような印象にしていくべきかを一緒に考えていけば良いということです。

「AかBだね。Cはないかな」

稲見社長の「C案はない」という言葉を聞き、正直ホッとしました（笑）。

可能性が低い提案をして一瞬で却下される。それはとても無駄のように思えるかもしれませんが、決してそうではありません。お客さまは空間のプロではないので、次のオフィスを明確にイメージすることは当然、難しいと思います。当社が適切と思うデザインのみを提案した場合は、「翔栄クリエイトさんが提案してきたから、これにしました！」となり、それは自分で選んだのではなく、プロに任せたということになるからです。

次のバリオセキュアを選択するのは、人任せではいけないということ。まったく可能性がないものを提案することはないですが、ひょっとして！　と思う可能性は潰さず、他の可能性も見ていただいたうえで、自分の意思で選択していただく。なぜこのデザインにしたのかを稲見社長自身がしっかりと理解していることがとても重要だと考えています。

オフィスのコンセプトは「かっこよさ」「遊び心」「ワクワク感」

２０１６年9月末、オフィスが完成しました。

ゲストスペース（エントランス）は、男性エンジニアをペルソナ設定した結果から導き出した「かっこよさ」「遊び心」「ワクワク感」という３つのキーワードを基に設計しました。

まずは、「かっこよさ」。

エントランスデザインは、インパクトが強く、子どもっぽさを感じないうえで、サイバー的なかっこよさがストレートに伝わるデザインにしました。

採用応募者は、受付電話から担当者を呼び、待合ソファに座って担当者を待つ。すると、その正面のブラックガラスの中には映像が浮かびあがっており、セキュリティの状況や市場データなどが映し出されている。それがセキュリティの専門化集団という印象を強める設計です。

次に、「遊び心」。エントランス左手の突き当たりの壁には薄暗い照明で照らされた〝何か〟があるように見える仕掛けです。

提案したエントランスデザイン

映し出される市場データ

エントランス（通常時）

エントランス（照明点灯時）

バリオセキュアは、以前フィンランドのデザイナーによるカラフルなデザインセキュリティルータを限定販売したことがあり、それを壁面に展示しました。

ブラックモノトーン基調の空間の中でカラフルな物が、意図的に薄暗く照らされているので、とても違和感を覚えるでしょう。採用応募者がエントランスで待っているときに、「なんだろう？」と近づくと、人感センサーがそれを感知し、一気に照明が明るくなります。驚いてまわりを見渡してもだれもおらず、人知れずビックリする仕組みを取り入れてみました。

次に「ワクワク感」。会議室へ向かう通路の行き着いた所に、3段の階段とそのうえに扉を設けました。あまりオフィスでは見ないこの形状が、「その先に何があるのかな？」という期待感を抱かせます。

初めて面接のために企業訪問するときは、「どんな会社なんだろう？」と不安な気持ちもあるでしょう。そして「不安感」と「ワクワク感」は表裏一体。先がどうなるかわからないから不安に感じ、先がどうなるかわからないからワクワクする。初めて訪問したあの不安感と、空間から伝わるワクワク感が感情を動かし、それがバリオセキュアに入社した後の自分の新たな生活に対する期待感とオーバーラップしてくるはずです。

ワークスペースは女性営業をターゲットとし、ワークデスクに隣接するナチュラルさを感じるオープンスペースを設け、空間全体を明るく開放感が感じられるようにしました。

しかし、エントランスから会議室までの空間は男性エンジニア向け。そこから連想されるワークスペースは、グレーの床に白いデスクが並ぶ、いわゆるＩＴ系・システム系のワークスペースとなる可能性が高い。その場合、女性営業採用応募者は、ワークスペースを見学するまでは、「この会社はちょっとな〜」と思いながらの面接になる可能性があります。

そこで、面接を行う会議室から、ワーク

廊下

スペース側の雰囲気を感じられるようにしました。会議室は、ガラスの壁になっており、目線は擦りガラス調になっていますが、その下の隙間から、エントランス空間からは連想しにくいナチュラルな空間が見える仕掛けです。

目線は擦りガラス調になっているので、全容は見ることはできません。「あれ？　この奥、何か雰囲気が違う？　ワークスペースかな？　休憩スペースかな？」と、壁の向こう側を見てみたくなるでしょう。面接官を待つ時間に、そのような期待感を感じられるようにしました。

そして、面接後、見学のためにワークスペースの中に入ると、エントランス側とはまったく異なる開放的な空間が広がっているのです。飲み物やお菓子などをかなり充実したので、女性の応募者には、かなり効果的と思います。

次は、課題となっていた「女性営業が生き生きと働きながら、同時にエンジニアも仕事に邁進できるような両者が一体となった空間」について説明します。

前述した通り、ただ単にきれいなオフィスでは、都度機器の片付けを強いられるようなエンジニアにとって窮屈な場所となってしまいます。そこで、機器を出しっぱなしに

オープンスペース

オープンスペース

面接を行う会議室

しても良いようにしました。

たいていオフィスは、きれいに使うことを想定して設計します。だから片付けないと目立つのです。そこで、片付けないことを想定して、それでもきれいに見えるように設計をすれば問題ないのです。

エンジニアのデスクの背面には、検証機器などを置きっぱなしにしてもいい専用台を設けました。実運用後、想定通り機器は山積、配線だらけになりました。

しかし、営業・管理のデスクからは、さほど雑然には見えません。それは、各テーブルにはデスクトップパネルが取り付けられており、積まれた機器がデスクトップパネルの高さをあまり越えないことと、ナチュラルなオープンスペースがステージ上の高い所につくられているので、積まれた機器よりもオープンスペースの方が視界に入るからです。

「御社のオフィスってどんな雰囲気ですか？」と聞かれると、雑然とした印象よりも、カフェ風の明るく開放感のある印象の方が浮かび上がるということです。

休憩スペース

ワークスペース

ワークスペース

社内コミュニケーションが活発になり、コンテストでは、史上初のダブル受賞を獲得

稲見社長（バリオセキュア）

新オフィスで働き始めてから、4年が経過しました。

確かに会社の雰囲気は変わりました。以前のオフィスと比べると、社員のコミュニケーションがとても活発になりました。以前の10倍、いや20倍くらいは活発になったのではないでしょうか。

全体的にいい影響があったと思いますが、特にステージ上のオープンスペースの仕掛けは面白かったですね。

河口さんは社内会議をそのオープンスペースで行うことを提案してきました。以前のオフィスでは、社内会議の多くは会議室でやっていたのです。それが、オープンな場所で会議を行うと、いままであまり話をしていなかった人たちがまわりで話していることに気がついたり、だれとだれがミーティングをしているのかが見えるのです。まわりの

動きを意識しなくても、それが自然に感じられるようになったのは大きいと思います。

この場所では、個々の作業や打ち合わせのほか、人事や守秘義務のある内容を除き、経営会議もこのオープンなスペースで行っています。ここでの真剣な、時には意見を戦わせながら行う姿は、社員の刺激となり、情報共有となり、皆に伝わっていると感じます。

また、ワークデスクの方に向けて大型スクリーンにプロジェクター投影ができるようになっています。私がステージ上に立てば、ワークスペース側を含めた、およそ70人の全社会議が行える場として利用できるようになっています。これも使い勝手が良いですね。

オープンスペース内にCEOルームを設けてくれたのも良かったです。一般的には、ここにはCEOルームは置かないと思いますが（笑）。

CEOルームのドアを開けておけば、会議の内容が聞こえてくるのもいいですね。私がミーティングに参加しなくても、何が、どんな風に進んでいるのかがわかります。社員の皆にとっても、打ち合わせの流れで、私に声がかけやすいのも良かったと思います。

さらに、オープンスペースの大きなテーブルは、社員が自然に集まれる場所になりました。たとえば女性社員らが気軽にランチ会をしています。こういう光景は女性の採用には間違いなくプラスだと思います。

エンジニアスペースに設けた検証機器を置きっぱなしにして良い台。あれも相当良かったですね。皆自分の机ではなく、そこに機器を積み上げています。河口さんの言う通り、思いっきり機器を並べても、ワークスペース全体の空気感は、ナチュラルなカフェ風という印象が勝っています。社員からの評判もいいですよ。ある男性エンジニアからお礼を言われたほどです。彼らが働きやすさを感じてくれるのであれば、今後の活躍にもより期待が膨らみます。

また、社員が大きく変わったと思う顕著な例があります。それは、お世話になっているコンサルティング会社が主催する勉強会での成績です。その勉強会では、若手がチームをつくり、高い目標を設定して、1年間かけて異業種の会社と競い合うというもの。最終的に優秀だったチームが壇上でプレゼンする機会を得るのですが、これにバリオセキュアも2016年から参加しています。

最初は登壇までの成績だったものの、2018年には最優秀賞と最優秀プレゼンテーション賞を獲得しました。ダブル受賞は史上初めてだといいます。最終的に行われるプレゼンテーションは300〜400人くらいの会場で行うのですが、そこに、なんと30名弱の社員が応援に駆けつけたのです。実に社員の3人に1人が行ったことになります。こんなことは2016年に参加し始めたころには考えられなかったことです。

このコンテストに臨むために、チームは定期的に集まり、問題の洗い出しや改善策・戦略を立てるための熱いミーティングをオープンスペースで実施していました。以前は会議室で行っていたので、他の社員はその内容を伺い知ることができませんでした。それをオープンな場所でやることで、彼らの熱意やがんばりが全社に伝わり、チームに参加していない社員も彼らの活動に強い関心を寄せたからこそ応援に駆けつけたのだと思います。これは一つの確かな成果だと思っています。

社員の無意識に、空間の影響が大きく働く

河口（翔栄クリエイト）

新オフィスは、できる限り「意識せずに普通に働けば社風が変わる」を目指しました。

もともと稲見社長は社員に細かく指示を出すタイプではありません。稲見社長が、「好きに使えばいいんじゃない？」という方なため、オフィス利用のルール徹底は社風と合わないと感じていました。

会社が変わったのは、社員の皆さまの行動の変化が大きく起因しており、このときに、社員の皆さまの無意識へ、空間というものが大きく影響しているということです。

バリオセキュア社は大きく変わったと感じます。会社の本質は何も変わっていないのですが、そこから生まれる雰囲気（社風）は以前とはまったく違います。男性も女性も明るい環境で生き生きと働くＩＴ技術企業になったと感じます。

たいせつなのは、目的を持ってオフィスをつくること

稲見社長（バリオセキュア）

採用も順調です。オフィスの移転から約2年間で31名を採用。そのうち、およそ4名

に1名が女性です。新卒も中途も、面接に来た候補者にオフィスを見てもらうと、おおむね好印象です。このオフィスはリクルーティングのサポートになっていると思います。社内の雰囲気は以前とはまったく異なり、昔から普通に女性が生き生きと働いていた企業のように感じます。もう以前のような技術屋集団的な雰囲気はなくなりました。

オフィスの設計については、河口さんと話し合いを重ねるにつれ、だんだんと落とし所が明らかになり、収斂されていく感じがありました。目的は同じでも異なったアプローチの複数案を比較しながら、「このプランだとこういう働き方になる」というシミュレーションを自分で想像しながら決めていけたことはよかったですね。だから出来上がりにはすごく納得できたし、「このオフィスをこういったデザイン設計にしたのには、こんな狙いがある」とストーリーを語れるようになったのもよかったです。河口さんには本当に良いリードをしてもらったと思います。

移転を検討している経営者仲間には、「一般的なオフィスの形や概念には縛られる必要はない。たいせつなのは、目的を持ってオフィスをつくること」と、翔栄クリエイトさんを紹介することもあります。「すごく参考になる」と言ってくれる方も多いですよ。

現在、当社はリモートワークを中心とした働き方をしています。

社員間のつながりを持ちながら、コロナ禍の働き方をスムーズに進めるために、

- ウェビナーを利用しての全社会議にテーマやキーワードを設定し、経営チームの人柄や考え方がわかるように工夫
- 外部講師をお招きして社員向けウェビナーを開催

など施策を実施しています。

そのような状況であっても、一部の社員（特に若手）からは、やはりオフィスに出社して他の社員と仕事したい、リアルなコミュニケーションを取りたいといった要望が上がっています。

今後、これらの要望に応えられるようなオフィスを模索し、新しい働き方を追求していきたいと思っています。

STAEDTLER

第２章　【常識を疑う】

オフィス空間を見直して経営課題を解決する14カ条

1 総務に原案づくりを任せるから失敗する?!

「河口さん、経営コンサルタントが口を揃えて言う『うまくいっていない企業の特徴』は、みんな共通しているそうです。それは『企業活動への経営ビジョンや意図の落とし込みができていない』ということらしいんです」。

先日、ある社長からこんな話を伺い、わたしは妙に納得しました。

「経営資源としてのオフィス」という意味においては、オフィスづくりもまったく同様だったからです。「経営者が会社をどうしていきたいのか」が反映されていないオフィスは、やはり経営への寄与もしないからです。

ここ数年、オフィスづくりは働き方や社風を変える効果があるということを耳にするようになりました。しかし、それが実際にうまくいっている話はあまり聞きません。それは、オフィスづくりの原案を総務担当者もしくは社員を中心としたオフィスプロジェクトメンバーがまとめているケースが多いからだと考えます。経営感覚を持った担当者もいますが、多くの場合、担当者は「経営者が望む方向」ではなく、「オフィスをどうするか」を考えます。ですので「何席入るか、何部屋つくれるか、エントランスデザインはどうするか、社員のコミュニケーションスペースをつくろうか」など、オフィスの要素、形から検討することになるわけです。一般的に、オフィスデザイン会社に投げかけられる依頼はまさにこれなのです。

ただ、私たちが実際に経営者にヒアリングを行うと、多くの場合、経営者の口からは違う答えが返ってきます。「制度や形ではなく、意識の改革が生産性向上には不可欠」「社員の働きやすさはもちろん重要だが、結果、組織としてうまく機能するかどうかが最も大切」といった具合です。

これは当然だと思います。

責任を一手に担う経営者と、総務部といった社員の立場からの視点はまったく違いますから、「生産性」や「働き方を変える」に対する定義がそもそも違います。「経営にどう生かせるのか」という発想は、経営者にしかできないからです。

私が手掛けたある大手企業では、社員の執務スペースをあえて働きにくくしました。プロジェクトチームごとに使えた個別ミーティングルームも大幅に削減しました。社員にとってはデメリットに思えますが、経営陣の目的は別にあったのです。

チームで業務が完結できてしまう利便性と引き換えに、個々のナレッジの全体共有について課題を感じていたのです。そのため、あえて執務スペースの利便性を下げ、大きな共有スペースでさまざまなチームが打ち合わせを実施するように動線・運用を含めてオフィス環境の設計を行いました。チーム間の横軸の情報共有によって、さらに会社は強くなるのです。木ではなく、森を見ている経営者だからこそ生まれる発想です。

オフィス空間は、経営者が目指す方向に合わせてつくる必要があります。担当者に任せてできたプランをジャッジするというやり方では、目の前の短期的な課題は解決できても、「経営に寄与する資源」として力を発揮することは難しいのです。

経営者がプロジェクトに始めから関わり、課題と目的をしっかりと見定める。

大切なのは、経営者自身が「レイアウトをどうするか！」ではなく、「会社をどのようにしたいのか！」を考える。そこから始めることなのです。

会社を変えるのは、経営者なのです。

2 空間を投資と考えないから、ジャッジを間違える?!

オフィス空間に費用をかけることを「必要だが、ちょっと贅沢な投資」と考えている経営者が圧倒的に多いと感じます。

社員は大事だから労働環境への投資もしなくてはならない。来客のことを考えると、ある程度、見た目もちゃんとしておいた方が良い。オフィスは机、椅子、電話など、最低限の設備があれば機能するわけですが、プラスアルファとして快適な空間をつくるためにかける費用なので、「プラスアルファの贅沢な投資」と考えるのも当然と言えば当然。このことからもオフィス空間への投資は、「必要ではあるが、ちょっと贅沢な投資」という考えにつながる傾向が強いということです。

そして、どこまで投資すれば十分なのかの明確な基準がない中では、極力投資額を抑えたいと思うのは当然のことと言えます。

たとえば企業成長に伴い事業形態も変わり、オフィスが今の組織体制とは合わなくなってきた会社があったとします。社内でリノベーションが検討され、経営者は「どうせやるなら、デザインもよくすれば社員のモチベーションもあがるだろう」と考えました。ところが、スペックを満たすだけであれば1500万円だった費用が、デザインを凝ることで800万円も膨らむことがわかりました。あなただったら、どう考えますか？「モチベーションが上がれば良い」に、800万円の価値があると考えますか？

もちろん答えはケース・バイ・ケースだと思いますが、オフィス空間のデザインを「必要だが、ちょっと贅沢な費用」と考えてNOとする経営者が圧倒的に多いのです。「思ったより費用も掛かるし、今回は、コストを抑えてやることにしよう」

よく耳にする話です。投資価値が低そうな投資は避ける。経営者としては、まっとうな判断をしていると言えます。

- モチベーションの向上
- コミュニケーションの円滑化
- 生産性の向上

言葉としては聞こえが良いものではありますが、結局、「具体的にどうモチベーションを上げることが必要で、それでどう会社を変えていくんだ」という明確なゴールを目指していない施策では、何かを変えたり生み出すことは困難です。例え10万円の費用であっても、「価値と見合わない投資はすべきではない」という判断は至極当然のことです。

ただしこれが、「モチベーションが上がり、社員の意識が変わり、自発的な行動を取る社員が増え、ボトムアップな社風に変わることが必要だった」とします。こうなると話はまったく変わってきます。これを実現するための８００万円という費用の価値は計り知れません。社員の意識改革は、投資額以上の効果を生み出してくれるでしょう。

ある会社は、「ルート営業体質を提案型営業に変えていかないと生き残っていけない」という危機感を持っていました。「社員の意識が変われば、売上げは確実に上がる」という思いを元に「社員の意識を変える空間とは？」に絞り込み、デザインだけでなく、運用に至るまで一緒につくり上げたオフィス空間は、社内改革を後押ししました。その結果、投資価値以上の効果があったというお言葉をいただきました。

「エントランスはオフィスの顔なので、ある程度デザインしておいた方が良い」。これもよく聞く話ですが、このような固定観念も必ずしも正解とは言えません。

まず、来客の中で、エントランスから受ける印象で、業績に影響が出そうな人物を具体的に想像し、その人が来社する頻度と、実際にそこから生まれる利益を考えてみます。すでに取引がある企業には、実績で評価いただいているため、そこまで影響は大きくないでしょう。要は、「これからお客さまになりうる人や企業が来社される」ケースで、これは容易に想像できるはずです。

仮に御社がアウトソーシング先企業を検討訪問する場合、まず間違いなく入居ビルを見るでしょう。次にエントランスを見て、会議室を見るでしょう。訪問してから帰るまであらゆることに注意を払い、どこかで点数をつけたり、事前の期待との答え合わせをしていることに気づきます。取り引きの判断に影響するかもしれません。

こういったお客さまの来客頻度も考慮します。来客自体の頻度が低かったり、取引額が小さい場合は、投資価値は下がりますし、頻度が高かったり、低くても取引額が大きい場合は、投資効果が高いわけです。そもそもオフィス空間づくりにかかる費用は少なくありません。多額の費用をオフィスに投じることになるのに、「目的設定」を間違えることで経営資源として活かしきれないのはとてももったいないことですし、残念ながら、多くの場合がこのケースに当てはまっているのです。

3 「他社の事例を参考にする」が間違いの第一歩?!

「グーグルみたいなオフィスが良いよね」

こういった海外オフィスへの憧れのような声はいまだに聞こえてきます。もちろんグーグルのオフィスが悪いわけではありません。「御社には合わないかもしれませんよ」ということなのです。グーグルの社風や社員の働き方、意識や気質に対してのオフィスであり、それは御社とイコールではないはずです。もっと言えば、海外と日本との「働き方」への感性だって違いますから、それこそ本社と日本法人とではまた違うはずです。肝心な中身が違うのに、見た目やテクニックだけ他社を真似ても意味がありません。

こう書くと斬新でもなんでもない当たり前の視点ですが、残念ながらオフィス空間づくりにおいては、未だに驚くほどに「当たり前ではない」のです。

「では、なぜ良いと思ったのですか?」

この質問への回答の先の先に、本当につくるべきオフィスのヒントが眠っています。

「風通しがよさそうだからね」ということであれば、今の組織体制に課題を感じているのかもしれません。社風を変えたいのか、社員の意識を変えたいのか、部署間の連携なのか、会社全体のナレッジ共有なのか、経営者には「理想」となる自社の姿があるはずです。


「現状」と「理想」。この間のギャップが「課題」であり、オフィス空間づくりもこのギャップを埋めるための手法です。経営者の頭の中にある「うちの会社は、本当はこうあるべきだ」というギャップは、単純にカラーや形といった意匠(デザイン)や、個々の什器や機能で解決を図れるものではありません。

「今は業績も好調だが、同業で勢いのある会社が現れたので、このままだと数年後には抜かれるかもしれない」

「今は組織バランスも良いが、数年後に今のベテラン社員たちが定年を迎えたら、一時的に組織力が弱まるかもしれない」

さまざまな経営資源の活用のうち、働く場であるオフィス空間も、経営者の理想をサポートする資源としてつくれば、企業の成長を強力に支援してくれるのです。

逆に言えば、現状のままで3～5年後も、自社の理想の状態になっていると想像できるのであれば、今のオフィスで良いのです。例えピカピカにきれいでなくても、今風のオフィスでなくても、業績好調で社員が生き生きとしており、採用も好調であれば「今のオフィスがベスト」なのかもしれません。

「他社のオフィスを参考にしよう！」は、間違った空間づくりへの第一歩。御社にとっての「経営者が望む方向に会社の変化を促すオフィス」は唯一無二のものなのです。

4 今の社風に捕らわれるから変革が起こせない?!

年商5億円、10億円、１００億円。各企業はそれぞれの成長ステージにおける業績レンジの中で数字を上下させながら、徐々に業績を伸ばしていくことが多いと思います。私がまず「御社は、どのようになっていきたいのですか？」と質問を投げかけると、多くの経営者は、今の社風の延長線上にある「現実的な将来像」を答えます。

それは当然といえば当然です。経営者は企業を発展させるための戦略を考え、その成長に向けての道筋を立てます。今の企業の姿も、過去から未来に向けて経営者が敷いた道筋途中のワンシーンであり、将来ビジョンも、その道筋の先に描かれているものだからです。

将来ビジョンは現時点とは関係のない単独で想像される別物なのではなく、今の会社の延長線上にあるため、今の社風の先にある現実的な将来をイメージすることになるわけです。したがって、その流れで想像される現実的な将来イメージには、大きな社風変化が伴わない、経営者が想定できる範囲内であることが圧倒的に多いのです。

しかし、会社を大きく飛躍させる、会社が生まれ変わる、そのような企業改革は、経営者の想定範囲を超えたところにある場合が多いのです。

次にこう質問を投げかけます。

「では、業績レンジを一段階上げてしまうような、大きな飛躍、会社が生まれ変わった理想の姿を想像してみてください」

あなたも、ぜひ想像してみてください。

いかがでしょうか？　それらは「現状とは大きく違った状態」ではありませんか？

実際、私は数多くの経営者とお話してきましたが、「理想の状態とは、現在の延長線上にあるケース」はほとんどありませんでした。

これまで1000社を超えるオフィスに訪問させていただきましたが、今の社風の枠の中で会社を前進させることを目指したものが圧倒的に多いと感じます。

経営者が理想としている企業の状態は別にあるのですから、「いま想像された理想像を実現するためのオフィス……変革を促すオフィスをつくっていきませんか？」と申し上げると、経営者は、目の色が変わるのです。

「長年染み付いたルート営業体質を改善し、営業が横軸で情報を共有しながら提案型の社風になっているのが理想だ」

「鍋蓋組織ではなく、強固なピラミッド型組織でありながら、ボトムアップで意見が上がってくる状態が理想だ」

「経営者が望む方向に会社の変化を促すオフィス」のプランニングは、実現可能か不可能か、単なる理想論ではないのか、に関係なく、まず「本当は、どのような会社にしたいのか」という「理想像」を、経営者がイメージして伝えることから始まるのです。

5 空間投資の成否は、変化の価値の見極めで決まる!

以前、経営者にヒアリングをしている中で「御社は、どのようになっていきたいのですか?」と伺った際、「そうだね～　もう少し明るい雰囲気にしたいんだよね～」と言われたことがありました。そこで、私は次にこう質問しました。「明るくなることで、何か業績へプラスの影響が出ることは考えられますか?」。それに対して経営者は「業績は関係ないかもしれないけれど……。明るくなった方が良いですよね」。

オフィスが明るい雰囲気になれば、社員のモチベーションも上がるかもしれませんし、他にも良いことが起こることは想定されます。明るくすること自体は悪いことではないのですが、この場合の問題は『現状から明るい雰囲気に変化することの金銭的価値』を経営者が見出していないということです。

経営者がイメージする「本当は、どのような会社にしたいのか！」。そこに変化した先には、業績が上がっている姿が想像されていることが多いと思います。したがって、その変化は金銭的価値があるということです。

大切なのは、経営者がその変化をどのくらいの金銭的価値と考えるかということです。経営者が望む状態に会社が変わる〝その変化〟をお金で買えるとしたら、いくら払いますか？　ということです。

たとえば、ルート営業体質が原因で仕事が取れなくなってきている会社であれば、その営業部隊が、発想豊かな提案型営業体質に生まれ変わるのであれば、業績向上が見込まれます。会社が変わることで、年間1000万円くらいの利益増が見込めるのであれば、その空間には、それなりに投資をしても良いということになります。

〝その変化〟の金銭的価値をしっかり考えないと、オフィス空間にいくら投資すべきなのかが考えられないということです。そこを考えずに、見積もり額が1000万円と聞いても、ただ単に、内装工事費用として高いか安いかでしか考えられず、適切な空間投資はできないでしょう。

「空間づくりは会社の変化を促し、その変化の金銭的価値を考える」。そうすることで、そのプロジェクトに、「どの程度の費用を投資してもよいか」が、はじめて考えられるのです。

総務の方からこんな質問をされることがあります。「経営陣から、『オフィスのリノベーションを行った際の、数値的効果を計算して出しなさい』と言われたのですが、どうやって計算したら良いのでしょうか?」。

不可能ではないかもしれませんが、私は難しいと思います。動線を改善し、今まで歩くのに15秒かかっていたところを10秒にするなどであれば、移動時間の短縮から、何かを算出できるかもしれません。しかし、本書で申し上げている価値は、経営者が望む状態に〝変化することの価値〟です。その変化が実現したときに、業績にどの程度の影響が出るのか、それは経営に携わる経営視点でものを考えている方ができる想像であり、それを総務の方々に数値として求めるのは、かなりハードルが高いということです。

6 「見せたい」と「見せるべき」の混同が、投資効果を下げる?!

数々の企業を訪問していると「経営者の好みのデザイン」になっているケースが非常に多いと感じます。その中には、妙にゴージャスで「そんなに儲かっていると思わせたいのかな～?」と思ってしまうところもあります。

たとえば「儲かってるなぁ」「お金がかかってるなぁ」には、よし悪しがあります。

「当社はアイデアと企画で勝負しています。クリエイティブでよい発想が生み出される空間や、十分に働きやすい場が、イノベーションを生み出すのです」とメッセージを発信している企業であれば、「さすがだなぁ」となります。

逆に「リーズナブルな価格帯が売りです。低価格実現のためにあらゆる努力を惜しみません」とブランディングしている企業であったら、どこか違和感を感じるでしょう。

「価格を抑えながらこれだけ儲かるのだから、かなり原価は安いだろうな」と思われるかもしれません。

「我々はこういった会社なんです」というメッセージと、オフィスから伝わるものが一致していないケースが結構、見られます。

お客さまに対して「発想力があってアイデアに富んだ会社だ」という強みを伝えたいのであれば、成果物はもちろんですが、実際に社員が積極的に企画立案、ディスカッションをしている姿を見ていただく、またはその雰囲気を感じていただくことが最も近道です。「これは期待できるぞ」と感じていただくのです。百聞は一見に如かず、です。

「若手が生き生きと働く会社」であればその姿を、「セキュリティー重視の姿勢」であればそのような空間と運用を、「女性が活躍する会社」であればそういった光景を、お客さまや取引先が自社に何を期待しているのか、伝えるべきメッセージが違えば、見せるべきところ、シーンも当然、変わってきます。

ただ、現実は、「こう見せたい」はあっても、それを見せるべくデザインや運用を設計している空間は多くありません。

もちろん、リクルーティングにおいても同じことが言えます。

「働き方」への注目と重要度が高まっている昨今では、働く場であるオフィス空間は、これまで以上にとても重要な要素となってきています。採用担当者もそれはわかっていますから、お金をかけたリフレッシュルームやコミュニケーションスペースなどに、応募者を案内して回るのです。

しかし、採用担当者である本人は「ランチタイムの賑わった状況」を思い浮かべながら説明をするのですが、実際に目の前に広がる光景は、まばらにしか活用されておらず、ところどころ照明も抑えられ、寂しい状況……なんてことは本当によくある話です。いかにオシャレでも、これを見せられた応募者が「何かこの会社活気がないな」としらけた印象を持ってしまったら、逆ブランディングです。

採用応募者は、これからこのオフィスで実際に働くことを検討している方です。「どうです、オシャレな空間でしょ？」ではなく、「どのようなシーンが応募者の心を動かすか」「何を感じてもらうべきか」が重要なのです。

「オフィスをどう見せたいか！」ではなく、「相手に何を感じてもらうべきなのか」を考えることがとても重要です。

「見せたい」と「見せるべき」。その混同が空間効果を下げてしまうということです。

7 人が動くようにつくらないと、人は動かない！（ナッジ理論の活用）

人の行動は簡単には変わりません。経営陣、上司の指示を頭ではわかっていても、感情がついてこないと行動につながりません。企業理念、中長期目標、営業目標、行動指針など、社内浸透、共有の方法はさまざまですが、理解と行動は伴わないケースが多いのではないでしょうか。

行動経済学の分野では、この理解と行動が伴わないことを「象使いと象」と表現しています。人の行動は、必ずしも合理的ではなく、感情による影響力の方が圧倒的に強いというのです。そのため、この「感情に働きかけを行うことで、自然と行動を起させる」仕組みや仕掛けが有効であり、これを行動経済学・行動科学では「ナッジ理論」と呼びます。

ナッジ（nudge）とは、直訳すると「肘で軽くつつく」という意味です。要は「人が強制によってではなく、自発的に望ましい行動を選択するように促す仕掛けや手法」を指します。具体例や解説は、第3章の友野先生にお任せするとして、オフィス空間においても、このナッジ理論を活用することは非常に有効な手段となります。

第1章のアクロスロード様の事例は、ナッジ理論が活用されています。

敢えてオフィス中央に注目を集める会議ステージを設け、書き込み可能なガラスボードに「自分の意見を書き込みながら」会議をしていただくようにしました。各個人の発言の見える化によって、「自分は全然発言できていないな」「次回はもっと準備して臨まないといけないないな」と感情を動かし、次の会議、そのまた次の会議へと、下調べや自分の意見を持って臨むような変化が起こっていきました。経営者が望んでいた、より全員が考え発言する社風へと加速していったのです。

オフィスは人が働く場です。だからオフィス空間に「人の感情に影響を与える仕掛けや運用」をつくれば、自然と社員の意識や行動を、そして社風までも変えていく可能性があるのです。「社員の意識なんて、社風なんて簡単には変わらないだろう」というお話はよく聞きます。しかし、オフィスプロジェクトを通して、社風が変わった事例を私はたくさん経験しています。このナッジ理論という手法は、空間づくりをするうえでとても大きな鍵を握ると思っています。

ただ、すべてナッジ理論で応用できれば良いのですが、もちろんそう簡単にはいきません。意図的に誘導をしたり、運用ルールで習慣化させる必要がある場所も出てきます。アクロスロード様の事例においても、「会議の際、自分の意見を必ずホワイトボードに書くこと」という運用ルールを設けなければ、その後のナッジは発動しません。要は「ナッジ理論の仕掛けで意識や行動を変える部分」と「意図的に誘導したり、習慣化させる部分」があり、これらを経営者とコアメンバーが十分に認識したうえで、運用担当に落とし込み、しっかりと運用を行わなければ、狙っていた効果は発揮されないのです。

8 社員アンケートは取らない方が良い！

昔、私たちがまだまだ未熟だったために起こった失敗がありました。

オフィスリノベーションのお話をいただき、経営者とかなり密な打ち合わせを重ねることで、ネクストステージを目指せるプランニングが出来上がりました。経営者も密につくり上げただけあり、プラン内容に自信を持ちながらも、「何か気づいたことがあったら言ってね」と社内にレイアウトを掲示されたのです。

結果、

「この棚はここじゃダメだと思います」

「コピー機はこの位置の方が良いと思います」

社員からは、個々の都合や働きやすさという目線での、さまざまな指摘と不満が出てきました。

「社員からこういった意見が出てしまいました。このスペースとこのスペースを入れ替えてもらえませんか」

意見を求めた以上、社員の指摘や不満解決に応えないわけにはいきません。しかし「当初の目的を達成する空間」ではなくなってしまいます。悩まれた経営者の決断は、社員からの指摘に応える形での修正でした。

「社内にレイアウトプランの公開を不用意にしてはいけません。公開のタイミングとやり方が非常に重要です」と、事前に経営者に伝えることをしていなかった私たちのミスでした。

実はこういった社内から意見を求めることは、多くの企業が取り入れがちなステップです。中でも特に多いのが社内アンケートです。経営者から担当者に指示される「働きやすい、良いオフィスをつくってくれ」に対し、担当者は社員の実態と意見を集約し、最大公約数的なオフィスをつくるべく社内アンケートを行うのです。

オフィスは日常空間です。特別不快に感じない限り、慣れてしまうのですが、アンケートが配られることで、「敢えて問題点を探して回答する」ことになるのです。

思いつく回答は、経営者のように大きな意味での働き方やオフィスの在り方を検討するものではなく、「私はこの方が働きやすいんです」という、個人や小さなチーム単位での作業効率に焦点が絞られがちです。当然、自分の感想や周囲の状況からしか判断せずに回答してしまいます。

そもそも個人の都合をすべて聞き入れたオフィスをつくることはほとんど不可能です。みんなにとって良いオフィスは実現しません。さらに、これまでも述べているとおり、経営視点と従業員視点では「良いオフィス」の定義が違い、一致しないことが多いのです。

経営者が思い描く「経営者が望む方向に、会社の変化を促すオフィス」づくりにおいては、社内アンケートはおすすめしません。もちろん、社内に意見を求めること自体がダメだと言っているわけではありません。情報の落とし方・聞き方には細心の注意が必要なのです。

9 レイアウトより、幹部社員への説明の仕方が大事?!

レイアウトが絵に描いた餅にならないように、経営者が中心に考えたレイアウトを、幹部社員に説明し、各現場の意見を聞くことはとても有効な方法です。ただし、ここで「各部の意見がほしい」と依頼してはいけません。「○○事業部としては〜〜」というように、各セクション都合の意見が出てきてしまうからです。

ここでは次の3つのポイントが重要です。

- 会社をこれからどの方向に向けていこうとしているのか
- オフィスは実現支援のためのものであり、だからこのようなプランになっている
- 主旨を理解したうえで、各部の意見を出してほしい

現場がわかるメンバーに、経営者が考える新たな空間づくりの目的を伝え、その視点

で意見を出してほしいとお願いをするのです。この作業を行うことで、経営者を中心に考えたプランが、機能するものに変わっていきます。

同時に各部の幹部社員には運用を落とし込む役割を果たしてもらう必要があります。そうしないと、これまた絵に描いた餅になります。

たとえば、現在の「シーンとした静かなワークスペース」を「賑やかで声をかけやすい環境」に変えたいとします。そのために個室の会議室を減らし、ワークスペース内の各所にミーティングテーブルを置いたとします。

さあ、これでどんどん打ち合わせが行われ、賑やかなオフィスになるでしょうか。きっとそう簡単にはいかないでしょう。シーンとした雰囲気が根付いたオフィスに単純にミーティングテーブルを置いても雰囲気自体は変わりません。「え？　ここで打ち合わせをするの？　やりづらいよね」ということです。

もちろん、積極的に活用をしていかないと環境は変わっていきません。だからこそ、各部の幹部社員を中心に「ここで打ち合わせをするぞ」という促進が必要なのです。そのスペースに3部署あれば、3部署同時の促進が重要です。特定の部署だけでは変化は起こりづらいからです。

数ヶ月もすれば、きっとそれは当たり前の光景になっているでしょう。

ここで気をつけないといけないのが、前8節「社員アンケートは取らない方が良い」で書きましたが、「プロジェクトメンバーおよび必要最低限の人以外に、レイアウトやデザインプランを見せてはいけない」ということです。経営者が考える新たな空間づくりの目的や主旨を理解していない意見が出てしまうと、収拾が付かなくなってしまうためです。

公開は、オフィス移転であれば「移転日」の2～3週間前に、リノベーションであれば「着工日」の2～3週間前に各部の幹部社員への説明と同様に、「これから会社が向かっていく方向」から「新オフィスの目的・主旨」までを説明をします。「なぜこのようなオフィスになっているのか」を理解し、それが2～3週間後に出来上がることで、その後の変化も早いタイミングで起こりやすくなっていきます。

いくら良いレイアウトを考えても、各部の幹部社員がその主旨を理解し、運用を徹底しないと空間は機能しません。ある意味、レイアウトよりも、説明の仕方の方が重要と言えるのです。

10 設計会社に任せると失敗する?!

「ああ、ここは社員の活気ある交流を目的につくったコミュニケーションスペースだったんだろうなぁ」という、いまや物置やランチのときだけ活用するスペース。

「ここはフリーアドレスとして、自由な働き方を促進するためのスペースだったんだろうなぁ」という、特定の人が陣取る固定席。

目的に対して機能していないオフィスに心当たりはありませんか?

私も1000社を超えるオフィスを訪問していますが、機能していないオフィスがあると、よくお聞きします。これは「機能しないオフィスが増えた」ということではなく、昨今の働き方改革などの大きな流れの中で、オフィスに目的と機能を持たせようという業界の流行りの結果として、「実際には機能していない」ことが目立つようになったのだと考えています。

「機能しない」大きな原因は、「その会社に合っていない」か「運用まで考えて徹底しない」からです。

運用の徹底に関して言えば、目的設定もそうなのですが、前9節「幹部社員への説明の仕方が大事」で述べたように、目的をしっかりと社内へ落とし込み、各幹部社員が経営者の意図を理解して運用できるかどうかにあります。

では「その会社に合っているかどうか」という点については、「設計会社はプロだから、よくわからない部分もあるが任せよう！」は、絶対に止めてください。

私は設計会社には完璧な答えは出せないと思っています。経営者は、創業時の苦労はもとより、日々眠れない思いをして会社を運営されてきた想いや理念があります。そして幹部の方、社員の方とともに重ねてきた歴史と法人としての人格がありますから、それらをわずか2～3時間のヒアリングで理解する方が不可能です。

私だったら「わかりました！」という会社は怪しいと思ってしまいます。これは「要件とわずかなヒアリングで、プランを提示しなければならない『コンペティション』では、企業成長に貢献するオフィスはつくれない」と、私たちが考えている理由の一つでもあります。

少し話が逸れましたが、設計会社で行えるのは、あくまでオフィスづくりの経験値からの想定であり、社風や文化、社員の性質や性格をわかっているのは、経営者や現場を知る方々自身に他なりません。

プランニングは、これらを踏まえて一緒につくり上げていくものであり、経営者の目的と実運用までを設計し、定着するまでやり続けることで、オフィス空間は機能し、企業成長を支援するようになるのです。

「設計会社はプロだから任せとけば良いものができる」という考えは、失敗につながる可能性が高いということです。

11 「何にでも使える空間」は会社の前進を阻む?!

「今後、会社や働き方がどのように変化するかわからないから、ある程度どんな状況にも対応できるように、何とでも使える空間にしておこう」

こんな会話をしたことはありませんか？　先々の無駄なリノベーション費用を抑えることを考えると当然とも言えます。

しかし、私たちは「何とでも使える空間」を推奨していません。確かに使い方の幅は広いのかもしれませんが、社風や会社を変化させることを考えると不向きなのです。

たとえば、個人作業と営業会議を同じ空間で行うことで、営業会議の内容を周りの人へ共有する空間をつくるとします。**写真1**のように自由に組み合わせて使うことができるテーブルがたくさん準備されており、営業会議やミーティング、個人作業、ランチなど、

写真1

写真2

すべて、この場所で行うルールになっていたとします。

さあ、社員がまばらに座っており、それぞれが個人作業、ランチ、休憩などをしている静かな雰囲気の中で、テーブルを寄せ集めて真剣な営業会議を行えますか？　周囲の環境は決して会議に向いていません。実際に営業会議を行ってみても落ち着かずストレスを感じ、結果、別の場所で営業会議をし始め、当初の目的を果たせないでしょう。

一方、**写真2**では、壁際が打ち合わせをしやすいようになっています。もちろん壁際のテーブルで個人作業やランチをとっても構いませんが、そこが、「ミーティングや会議をするための場所」という印象を自然に受けるため、個人作業やランチの人は、自然に右側に集まります。同時に壁際は会議がしやすくなり、当初の目的であった営業会議と個人作業の同居が実現するわけです。

このように、ルールを決めたとしても、人が自然に動きやすいようになっていないと、社風の変化は起きにくいということです。しかし、先々臨機応変に使えるようにするのも重要です。「人が動くようにつくる」と同時に「先々も臨機応変に使える」。そのようなフレキシブルな空間をつくることがポイントだということです。

12 ＡＢＷは、やり方次第で組織崩壊？

最近ＡＢＷという言葉をよく耳にするようになりました。ＡＢＷとは、「Activity Based Working」の略で、フリーアドレスの自由な席に座るという定義に対し、ＡＢＷは、各自が仕事に合わせて最適な場所を選ぶというものです。それはとてもステキな働き方だと思います。しかし施行後、社員がどう動くかを考えて行わないと、組織不全になる可能性も大きいのです。

先日、とある会社の部長からこのような話を聞きました。ＡＢＷ施行後、マネジメントに苦労しているとのこと。その部長には二人の部下がいて、以前からＡさんはよく報告をくれるがＢさんはあまり報告をしてこないといいます。ＡＢＷを施行するにあたり、Ｂさんは目が届くところにいてほしいが、Ａさんは自分の働きやすい場所で、伸び伸びと仕事をしてほしいと考えたそうです。しかし、実際は、Bさんは目の前から消え、Aさんが残ったとのことです。

それは当たり前と言えば当たり前です。Bさんのように説明を求めないと報告してこない社員は、そもそも部長と関わることに積極的ではない可能性が高いでしょう。自由にやりたい、ほっといてほしいというように。逆にAさんは、部長に報告することで、評価されることに喜びを感じている可能性があります。

ABWが招いた当然の結果と言えます。このように、フリーアドレスもそうですが、施行後に社員がどのように動くかを想定して施行をしないと、社員にとっては自由に働けて良いかもしれませんが、マネジメントそのものが崩壊していく可能性があるということです。

13 プロポーザル方式の勧め

オフィス移転やリノベーションを検討する際に、コンペティションや相見積もりは当たり前の流れになっているのが現状です。しかし、「経営者が望む方向に会社の変化を促すオフィス」をつくる場合においては、適した方法だとは言えません。どのような空間が良いのかの答えは経営者が持っているので、各社の提案の中から合いそうなプランを選ぶ」という流れは適さないのです。

比較検討自体は良いことだと思います。ただ今回のオフィスには何を求めているのかによって、比較の方法は変わってくると思います。

私たちがお客さまに勧めているのは、次の通りです。

● 商品・スペックが確定している場合は、相見積もりスペックが確定していて同一条件で見積もりを比較できる場合は、相見積もりが最適です。信頼できる会社かどうかという視点はありますが、商品が同じなのであれば、安く購入できるに越したことはありません。

● 意匠性（デザイン性）で決めるならコンペティション形式

意匠（デザイン）で設計会社を選ぶ場合はコンペが適していると思います。意匠（デザイン）自体に正解はありませんし、「好み」という要素もあるからです。経営者には何となく頭の中に描いているイメージがあると思います。設計会社はヒアリングをすればある程度の方向性は掴めますが、イメージそのものの共有は難しいので、複数社に提案をしていただき、自分のイメージに合うものを提案してくれる会社を選ぶことは合理的です。

● 社風や企業改革を促す空間づくりは、プロポーザル形式

プロポーザル形式とは、成果物（オフィスの場合、デザインやレイアウト）で選ぶのではなく、設計者（人や会社）の考え方や実績で選ぶという方式で、国土交通省も推奨しています。形というより中身を一緒につくり上げていくようなプロジェクトでは、「一緒に考えられる人（会社）かどうか」で選ぶことが適しています。

しかし、もし、オフィスに求めるものが、「見栄えが良くなればいい」「気分転換になればいい」などであれば別ですが、オフィスによって、「社員が働きやすい環境にしたい」「業務効率を上げたい」など、『業績向上』を目指すことが可能なのに、当たり前のように、コンペティション形式を採用するケースがとても多いと感じています。

しかも、コンペティション形式では、受注をするために、コストを抑え、見栄えをよくする「勝ちに行く提案」になりがちです。

その「勝ちに行く提案」から選んだオフィスが、『業績向上』をもたらす社風や企業の変革を促す空間として機能するかは、かなり疑問があります。

社風や企業の変革を求めるのであれば、経営者が望む「会社がもっとこうなれば……」の想いを共有し、会社をどうしていくかを一緒になって考えるパートナー選びが必要であり、その選定を行えるのはプロポーザル方式だということです。

14 空間の特性を知らないと、効果に気づけない?!

以前、こんなことがありました。当社が空間づくりをお手伝いさせていただいた会社の社長から「新しいオフィス、すごく良いですよ！」と、ありがたいお言葉をいただきました。私が「どの当たりで、そう感じましたか？」とたずねたところ、「ん〜〜〜」と考え込んだ末に、

「あそこのテーブルのサイズはとても使いやすくて良かった」

「オフィスに入ったところの、通路の広さがちょうど良い」

「お客さまから『素敵なオフィスですね！　当社もこんなカッコ良いオフィスにしたい！』と言われたんですよ！」

と、お答えになったのです。

たしかにそれらも当社が考えて行ったことですが、空間の目的は、会社の変化を促すこと。そう考えると、いただいた返答は、使い勝手や見た目に関することばかり……。実は、これは他のお客さまでも普通に起こりうること。なぜそうなるのでしょうか？

それは、人の行動変化を促しているのが、空間の『無意識への影響』によるものが多いので『意識しにくい』ということです。

社長は「とにかく、今回のオフィスはとても良かった！」と思いながらも、具体的に考えると、「会社が変わったのは、社員の努力や当社を取り巻くまわりの環境変化によるもので、オフィスが直接影響したことはあまりないな……」となり、じゃあどこが良かったのかと考え、まわりを見渡すと、「このテーブルが良かった」「ここの広さが良かった」など、意識できるところに目が行くということです。

「この営業ツールを使うと受注が増えますよ！」。営業ツールの場合は「確かに、この営業ツールで受注が増えた！」と意識できる効果が感じられやすいのですが、空間の場合は「お客さまにオフィスが素敵ですねと言われた」「ホワイトボードを皆が活用している」など、意識できる効果は、会社変革とは直結しないものが多いのです。

空間は人の無意識に影響を与え、社員の行動変化を促します。と言うことは、社員ががんばって受注をしたのは全部空間のおかげ？　となるかと言うと、そうではありません。空間の効果はそのように計るものではないのです。社員ががんばって受注をしたのはもちろんのことですが、それと同時に、空間はその行動に大きく影響をしているということです。

このことから、今の状況を見て、オフィス空間がどこに影響を与えたかを考えるより、オフィス移転前、リノベーション前と比べて、今の社風や働き方がどのように変わったかを考えたほうが正解に近いと言えます。そして、それは「すべて空間の影響ではないが、大きく影響している」。それが空間の効果なのです。

このことを理解していないと意識できるところで空間効果を計りがちとなります。空間は投資です。投資効果の計り方を誤っていては適切な投資はできません。

皆さまも、この空間の特性を理解したうえで、経営者が望む社風・会社の実現を目指していただけると幸いです。

本章では、人は、どのような影響で行動を変えるのか、そして、それが組織や経営にどのような影響を与えるのか、行動経済学がご専門の友野典男先生（明治大学元教授）にお話を伺った。

第３章　【特別対談】

行動科学に基づく空間づくり　友野典男先生（明治大学元教授）

人の行動を決める『システム1』と『システム2』

河口：空間は、人の意識・無意識に影響を与えることができ、人は意識・無意識への影響で、行動を変えます。社員の行動が変われば、社風が変わります。その社風が、経営者が望む方向と一致しているときに、業績は大きく向上します。

当社は、この考えから、「社風を変え、業績を向上させる『空間』」をつくってきました。一言でいうと、「頭の中の『システム1』『システム2』に適切な影響を与える空間をつくっている」ということです。

まず友野先生より、『システム1』『システム2』について、わかりやすくご説明いただけますでしょうか。

友野先生：行動経済学や認知心理学などの行動科学の分野では、頭の中には『システム1』と『システム2』という2つのシステムがあり、それが人の行動を決定しているとしています。簡単にいうと、『システム1』は感情や直感を担当し、『システム2』は考える・熟慮することを担当しており、その両方が互いにやり取りをして、その結果で行動が決まる仕組みです。

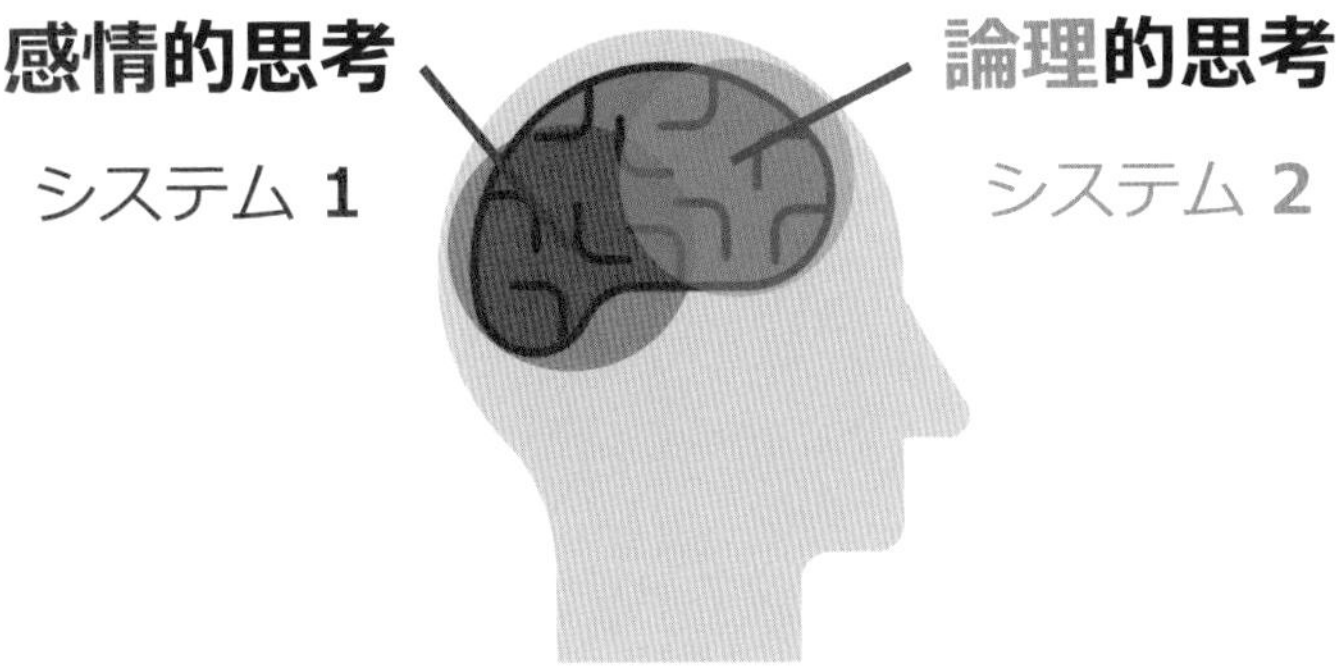

互いにやり取りをするというと、両方が対等のように感じるかもしれませんが、人間の行動の8割から9割を『システム1』が決めていると、多くの研究結果で報告されています。感情や直感を担当する『システム1』が行動を決める力が大きいということは、無意識のうちに行動を決めてしまっている傾向が強いということです。ですので、翔栄クリエイトさんがやられている『システム1』『システム2』に適切な影響を与える空間というのは、社員の行動に非常に大きな影響を与えると思います。

『システム1』へ影響を及ぼす空間

河口：ありがとうございます。経営者が、もっと会社を良くしようと思って、社員に対して「もっとこうしましょう！」と語っても、なかなか会社は変わりません。経営者が変わってほしいと思っている方向に社員の行動が変わるよう、『システム1』に直接訴えかける空間があれば、一生懸命に社員に語らなくても、自然に経営者の思った方向に会社は変化していくと思うのです。

友野先生：たしかに、経営者が言葉で語るよりも、社員の行動が変わるオフィスを意識して設計したほうが、人間の行動は変わりやすいと言えますね。

『システム1』は直感と感情で動くので、エネルギーも大してかからず、疲れないですし、すぐに結論が出ます。それに比べると、『システム2』はたいへんです。考えるためにはエネルギーが必要ですし、意識的に行動しなくてはなりません。ですから、『システム2』に働きかけて人に動いてもらうことはたいへんなのです。

人は楽な方を選びたがるので、行動に及ぼす影響は『システム1』が大きくなるということです。人を動かすときは、『システム1』の直感に訴えて動いてもらうことが非常に効率的で手っ取り早い方法なのです。動く方も自然に行動しているので、行動することが負担にならないのです。

経営者が社員に対して語るという『システム2』に訴えるやり方でも効果が出ない

わけではないでしょう。しかし、社員の行動が変わるまで、とにかく時間がかかります。しかも、効果がある人とない人のばらつきも出る。社員に考えてもらい、行動を変えてもらうよりも、『システム1』の直感で動いてもらえる環境があった方が経営者、社員の両者にとっても楽と言えますね。

河口：そうですよね。『システム1』と『システム2』のどちらに伝えるかによって、相手の行動は大きく変わりますよね。

友野先生：アメリカでは、『システム1』に訴えて労働環境を改善する試みがなされています。たとえば1時間に1回程度、パソコンのモニターに社員とそのペットの写真を流すということを実施している会社があります。ペットの写真が流れ出すと、社員は意識せずとも休憩タイムになります。ペットと触れ合っている人間の写真が流れると、自然に目が移り、仕事の休憩につながります。さらに、ペットの写真が起因となって、社員の間ではペットを介したコミュニケーションもすごく盛んになるという側面も出てきます。

こうした環境づくりでたいせつなことは、会社からは「ペットの写真を1時間ごとに流します」というアナウンスのみで、社長は「ペットの写真をちゃんと見なさい」

などと押し付けることはしないということです。そんなにゆるい施策で効果が出るのかと思うかもしれませんが、『システム1』で反応するようにきちんと考えられた施策であれば、効果が出てきます。

この会社では、ペットの写真が流れると自然と休憩タイムになりました。更に「この犬かわいい」など、自然なコミュニケーションが生まれることになりました。これが『システム1』の利用方法なのです。人間の行動において『システム1』はかなり主導権を持っています。『システム1』に着目をして人の行動を変えようという試みは、非常に理にかなっているのです。

友野典男先生（明治大学元教授）

納得や腹落ちによる行動変化に必要な『システム2』

河口：社員の行動が変わっていくような空間をつくる際、やはり前提として、経営陣の想いや、なぜ変化する必要があるのかをしっかりと話しておかないと、『システム1』だけに影響を及ぼしても、行動の変化が根付かないというか、しっかりしたものにならないと感じています。やはり納得や腹落ちをしたときに行動を変えやすいと思うのですが、それは『システム1』への影響なのでしょうか。

友野先生：腹落ちということに関して正面から取り組んだ研究はないような気がします。しかし、腹落ちは最終的に『システム1』が働いているのではないかと思います。た

河口英二（翔栄クリエイト）

だし、『システム1』の領域が判断する以前に、『システム2』の領域で理解していて、それが『システム1』で感情的にも判断し、総合的に「なるほど！」となる。これが腹落ちの感覚ではないでしょうか。

よく頭と腹は別といいますが、『システム1』は直感や感情なので、頭で考えても納得できないのです。人を説得して腹落ちで動いてもらうには、『システム1』と『システム2』の両方に働きかけることが必要なのだと思います。

河口：なるほど。『システム2』で理解をしているから、『システム1』が動いたときに、迷いなく行動することができる。それが腹落ちということですね。

友野先生：そうですね。腹落ちしているときは、確実に感情が関与していると思います。頭ではわかるが、何か納得がいかないというのは、そのことを感情的に不満や不快に思っているからです。こういう状況では『システム1』はとても強い働きをするのです。これが腹落ちしていない状態かと思います。『システム2』の頭だけで考えて行動するということがなかなかできない理由は、そういうことなのでしょう。

言っていることが正しいとか筋が通っているとか、いや間違っているなど、評論的なことは『システム2』の働きが大きくなります。そういう意味では、最終的には『システム１』が行動を司っているとしても、『システム２』で考えることはとても必要です。しかし、どんなに考え抜いたとしても、自分の中で妙な反発やあつれきが生まれることがあります。それは感情の部分で、「あいつが言ったことは嫌だ」とか、「こういう状況で言うことじゃないだろ」と感じ始めたら、『システム２』では正しいことと判断していたとしても、『システム１』では納得できなくなるからです。

これでは腹落ちできないですね。腹落ちさせるには、『システム１』と『システム２』が切り離せないということです。

河口：『システム１』も『システム２』も両方とも必要だということですね。私たちがオフィスづくりを手伝わせていただき、社長が社員の皆さまに新オフィスの説明をしていただく際には、新オフィスのコンセプトと共に、社長の想いを伝えていただくよう、お願いしています。

「当社はいま、こういうステージで、次はここを目指したいので、社員の皆さんには、こうなってほしいと思っています」と、『システム２』に訴えかけてもらうのです。しかし、それだけでは行動はなかなか変わりません。合わせて『システム１』には、空間で行動が変わっていくよう訴えかけていきます。

これは、納得・腹落ちして仕事をしていただくには非常に有効ということですね。

直感（システム1）は間違えやすいという欠点も

友野先生：行動をするのに『システム1』を働かせるのはとても良いのですが、大きな欠点もあるのです。経営者の方は、長年の経験によるカンで経営を進めている方も多いでしょう。これは『システム1』が働いているといえます。ところが、『システム1』は間違えやすいのです。しばしば、経験にとらわれて客観的に見られなくなります。お店やネットショッピングで衝動買いをしたとか、屋台でおいしそうだからと飛びついたという行動は、ほとんどが『システム1』の反応です。『システム1』には、そういうバイアスがかかりやすく、間違えやすいという欠点があります。

河口：長年の経験からくるカンなので、自信を持っている人も多いと思いますが、実は衝動的なバイアスがかかっている可能性があるということですね。ということは、私たちがやっている、社長が「こうなってほしい」という方向を明確にして、そちらに社風が変わるように『システム1』に訴えていくというのは大丈夫なのでしょうか。

友野先生：それはそれで、非常に有効だと思います。しかし、社長には『システム1』だけではなく、『システム2』をもっと働かせてもらった方が良いですね。

河口：感情で動きすぎると良くないということですね。

友野先生：そういうところもあります。直感の方がいいという説もありますが、直感に頼りすぎると間違いやすくなります。

河口：良くも悪くも、直感は行動のきっかけにはなりますが、ハンドルを切る方向を誤れば、どこに行くかわかりませんからね。

友野先生：そうです。行動の大部分は『システム1』で動くので、直感がブレていたら思わぬ方向に進んでいたと、後で気づきます。そうかといって、直感は信頼できないということではないのです。とても限定されますが、直感が信頼できる分野もあります。それは、すごい経験を積んだことでフィードバックがあって、結果がすぐにわかる場合です。具体例を出すと将棋とか囲碁です。

河口：行動のほとんどを『システム1』が決めているというケースですね。過去の経験の多さが直感の信頼性につながるということですね。

友野先生：そうです。将棋の手は、直感で3手に絞って1手ずつ考えてみる、というようなことをしていると言われています。しかし、同じ将棋を同じルールでやっても、素人にはその直感が正解の方向へ進まないのです。棋士は、将棋という局面において、自分の手が過去に、成功したか失敗したかをすぐにフィードバックできるほど、経験を多数積んできたことで直感の信頼性が高まっているということです。

将棋だけではなく、ナースが患者の具合を見たときに、カンが働くというのも同じ理由でしょう。さらには、消防士や消防士の司令官も同じような事例があって、火事の現場で消化作業をしていると、この後にここが崩れるとか、火元はこっちじゃないかということにかなりカンが働くという研究もあります。

こういった特定の分野では、かなり信頼できる直感が働くと言われています。しかし、それ以外の分野の直感は、アテにならないと思った方がいいようです。アテにはならないとはいっても、その直感は当たることもあります。財務のプロであれば、財務に関しての直感が働いているでしょう。ところが、人間の特性として自分の経験で1、2回うまくいくと、自分は直感が優れていると思いたがります。そこで、まったく違う分野でも直感を働かせようとするので失敗するのです。

棋士の話を聞くと、手は直感的に決めるようです。しかし、直感だけで進めるのではなく、直感で決めた手が論理的に正しいかどうかを考えているようです。

河口：専門分野で働く直感と、そうでない分野で働く直感は、別物として考えないと失敗しやすいということですね。たしかに、専門分野で直感が当たると、他の分野でも自分の直感は通じると思いがちです。そうやって間違っていくんですね。

将来のことを考えるときに必要なこと

友野先生：専門分野ではなくても『システム1』の直感が重要になることがあります。それは将来のことを考えるときです。将来のことは不確実性が高いので、どんなに『システム2』で理屈で考えても結論が出ないのです。そういう『システム2』が正常に機能しないときは、『システム1』の直感が大事になります。

将来のわからないことに対して『システム2』で無理やり理屈をつけて答えを出しても、出た答えは無理やりなものになります。そういう答えは、後々良い結果にならないことが多くあります。こういうときに『システム2』が優先に動く頭でっかちのタイプは、先に進めなくなることがあります。

河口：たしかに、将来のことをイメージでパッと決める経営者と、いろいろと熟考して決める経営者と、大きく分かれますよね。

友野先生：行動において、『システム1』と『システム2』の両方のバランスをとることはとても難しいものです。『システム1』だけでもダメですし、『システム2』だけでもダメということです。

相手の人数が多くなると『システム1』への伝達は困難

河口：友野先生は、授業で生徒に向かって『システム1』と『システム2』の使い分けをして効果の向上を目指したりされているんですか？

友野先生：やっていますが、すべての状態に適用できるものは難しいですね。特に300人とか人数が多い場所では、『システム2』に向けて論理的に説明することはできても、『システム1』に訴えることはとても難しいですね。一方、20人ぐらいのゼミなど、人数がある程度少なくなると、『システム1』への訴えがかなりできます。『システム2』に向けて論理的に話すだけではなく、一人ずつ目を見て話したり名前を呼

んでみたり、感情に訴えながら話をすることは、実践しやすいのです。

河口：やはりそうなのですね！　実は、当社のセミナーもずっと少人数でやっているのですが、以前、30人の会場にしたことがあります。しかし、まったく伝わらない感じがして、すぐに少人数に戻しました。(笑)

友野先生：30人はかなり微妙なところですね。うまくすればできるかもしれませんが、20人以下の方がやりやすいでしょう。セミナーに勉強しにくる人たちは、人数が多いと聴講重視になるので対話になりにくいですよね。

河口：たしかに、広い会場の後ろに座ったら、一方的に聞くスタンスになりますよね。しかし、少人数であれば、観念してしっかり参加しようと思いますよね。(笑)

友野先生：会場の規模感による気持ちの変化はあるでしょうね。小さい空間であれば、よりコミュニケーションが活発化するのですが、話の進め方にも配慮が必要です。大学の場合、教員と学生の間で起こりがちなこととしては、教員が学生に難しい質問をして、「答えられないと非難するようなことです。そうすると、学生もどんどん縮こまっていって、目を合わせなくなります。そこで、単に呼びかけるだけとか、単に「そうでしょ？」と言うだけくらいにしておいて、その場では質問しないという工夫も必要になります。

河口：なるほど。この話は大きな会社でも応用できますね。数百人いる会社で、社長の訓話や会社の方針を伝えるときなど、全員集めて一斉に話をしても、聞いていない人が多そうです。しっかり伝達したいときは、少数に分けて部門別に話をするだけで、『システム1』に訴えられる確率は高くなりそうですね。

友野先生：全員に向けての訓示よりもいいでしょうね。そのときも、命令調よりも個人名を出して呼びかけると効果が出ます。さらには、質問のときも正誤を判断するような話し方ではなく、「○○君はどう思う？」とか、「○○さんはわかった？」というような軽めの方が、より効果は出ると思います。

社風変革への反発と共感について

河口：お仕事をさせていただいていて、深い理由がないにもかかわらず、社風変革を拒む人たちがいます。「人は変化を嫌う」と言いますが、それは『システム1』が拒んでいるということなのでしょうか。

友野先生：人は変化を嫌うのもそうですが、現状維持をとても楽に感じているということです。損失回避性という人間の性質から、現状維持バイアスが影響を与えるので、ここで変化をしたらマイナスになるのではないかという悪い面を考えてしまうことがあるのです。

身近な例では、ランチで知らない店へ行って失敗するのは嫌だし、店を選ぶのも面倒なので、いつものお店でいつものランチを食べているという状態です。そこで、こうした人間の行動を利用して、『システム1』にアプローチできれば、思った方向に会社が変わるということになりますね。

河口：社風を変えるために『システム2』に理屈で説明し続けても、現状維持バイアスの影響力には勝ちにくいということですね。変化によりマイナスはあるかもしれないが、それ以上に『システム1』にメリットを感じてもらないと、社風変革に前向きにはなりにくいのですね。

ナッジ理論

河口：私たちも空間づくりに多用している「ナッジ」について、友野先生からご説明いただけますでしょうか。

友野先生：「ナッジ」とは、もともとは背中を押すとか、肘でつつくという「誘導」という意味で、感情も含めた人の性質、特に『システム1』を利用して、人の行動をある方向に導く方法です。

ある大学での話です。自分で食べ物を取って、お盆に載せていくという、よくあるスタイルのカフェテリアで、大学としては健康促進のために乳製品や果物をもっと食べてもらいたいと考えており、その促進のために貼紙をしました。ところが、それだけでは学生はまったく行動を変えようとしませんでした。そこで、手っ取り早い方法で、カフェテリアに入って最初に目に入る所に、乳製品や果物を並べ、取りやすくしたのです。そうしただけで3割～4割ほど、乳製品や果物を取る量が増えたという実験結果があります。

これは、コンビニエンスストアで行っている方法を大学のカフェテリアに応用したという例です。ようするに、取りやすい場所に置いてあると、たいして考えなくても取ってしまうという性質を利用したということです。

別の例ですが、選挙の投票率を上げるために、選挙の前日に、選挙に行くかどうかをたずねると、実際に投票に行く人が増えたという実験結果もあります。おもしろいのは、前日に選挙に行くかをたずねると、多くの人が「はい」と答えたのです。

それは社会的義務というか責任というか、そういったことを聞かれると、それを果たそうとする人が多いのです。そして「はい」と答えた人は実際に行動に移そうとする。自分が言った以上、行かないと嘘つきになってしまう。自分で言った以上、それを実行するのが正しい道だと考えるということです。

ただ単に「はい」と言わせるだけで実際に行動をする。これも結構、効果があるという実験結果が出ています。つまり『システム2』で論理的に説得しても、人はなかなか動かないのですが、『システム1』を、もう少し上手に使えば、望ましい方向に人を動かすことができる。その方法が「ナッジ」と言われているものです。

河口：「ナッジ」、いいですよね。上司が「やれ！ やれ！」と言っても部下は行動を変えない。仕事の中では良く見るシーンですよね。それを言わなくても、本人がストレスなく行動を変えることができるのであれば、本当に双方にとって良いことですよね。

私たちの空間づくりでは、部屋に入ったらパッと目に入るとか、席に座ると自然に目に入る、聞こえてくるということを意識しています。すべてをそれでは行えないので、そうなるように誘導していただく必要がある場合もあります。たとえば、社内で空いているフリーの席に気分転換に座ったら、その後ろで別の部署が会議をやっていて、「この部署はこんなことやっていたんだ！」と自然に感じたり、そこから仕事のヒントを得たり、刺激を受けて自分たちもがんばろうと思ったり、困っているようであれば手を差し伸べたくなったりとか。そういうことを自然に感じやすいようにしています。

集中して仕事を続けるためには

友野先生：1日仕事をしていると、そのうちの86分間は邪魔されているという研究結果もあります。これをなくしたら、それだけ早く帰れるのではないかとも思います。もっと仕事に集中できる環境があれば良いと思っているのですが。

河口：そうですね。でも集中して仕事をし続けるのは中々たいへんですよね。そもそも、仕事に集中したいと思うのは、『システム1』と『システム2』のどちらの働きなのでしょうか。

友野先生：集中して仕事をしようと考えるときは『システム2』がかなり働きます。ところが、『システム2』はエネルギーが必要なので、集中力は長続きしないのです。また、『システム2』は気分転換もうまくできないので、『システム2』を使って仕事に集中したいなら、短時間で集中できる仕組みが必要です。

河口：「いま、集中したい！」と考えるのは感情のように思うので『システム1』のような気もしますが。

友野先生：集中できないことを不快に感じている場合は『システム1』ですね。

河口：なるほど。集中したいと思う背景によっても働く所が違うのですね。

友野先生：ところで河口さんは、集中への対策はしていますか？

河口：はい。仕事を阻害されないように、集中できる環境にする仕組みはいろいろと取り入れています。阻害には、話しかけられたり電話が鳴るなどの〝物理的に仕事が中断してしまう阻害〟と、〝周りに気をとられて仕事が中断してしまう阻害〟の2パター

ンがあると思っています。

物理的に仕事が中断してしまう阻害

河口：〝物理的に仕事が中断してしまう阻害〟については、阻害されない場所を明確にしたり、阻害されないルールをつくる方法があります。

たとえば、その一つが、ワークスペースとは別の場所に、〝集中ブース〟を設ける方法です。〝集中ブース〟というのは、図書館の自習スペースのように、いっさいの会話を禁止した無音スペースです。ようは物理的に阻害をされない場所をつくるということです。仕事の状況によっては、雑音がうるさいと感じて不満に思う方もいます。そのときに、静かな環境がオフィスのどこにもなかったら、「こんなオフィスで仕事ができるかよ！」と不満が出そうですが、集中したいときに行く場所があれば、自分で場所の選択をすることができるので不満も生まれにくくなるということです。

友野先生：それは大事ですね。働いている人へのアンケート調査を実施すると、「集中が必要な仕事なので、集中できる場所がほしい」という答えが、たいてい含まれています。オフィスでは、おおよそ周りに知っている人がいるので、自分が仕事に集中しているのに話かけられて、集中力を妨げられることはよくありますからね。1分1秒でも時間が惜しいというときは、こうしたさまざまなノイズから解放されて集中できる場所がほしいと思うことは普通です。そのときに、〝集中ブース〟がすぐに頭に浮かんで、「あっちで仕事をしよう」と移動できる場があるだけでも、社員にとっては大きな違いですよね。「ここで集中しよう」と思うこと自体、集中していない証拠ですから。

河口：そうですよね。また、場所を分けなくても、話かけて良いのかどうかを周りにわかりやすくする方法もあります。ちなみに弊社の社長室は、入室していいときはガラスが透明になっており、入室してほしくないときはガラスが曇るのです。「集中したい」とは違う話ですが、話かけていいのかが明確にわかるので、私たちはすごく楽です。

友野先生：そういう仕組みはいいですね。どの会社にも必要かもしれません。「いま入っていいのだろうか」とか悩む手間が省けます。

河口：そうですよね。社長に声をかけていいのか、社長室の前でやきもきしている時間って、すごくもったいない時間ですよね。

友野先生：でも、透明になるガラスとか、そういう仕組みをつくるとコストもかかりますよね。

河口：そういうガラスフィルム自体が高いですからね。コストを抑える方法として、社長に社長室から出てきていただくという提案をすることもあります。これは、社長室をなくすのではなく、社長室とは別に、ワークスペース内に社長席をつくる方法です。

社長は一人で考えたいときもあれば、社員に聞かれたくない内容の電話をすることもあります。そこで、社長室と社長席の二か所を用意します。この場合、使い分けのルールを決めると効果が上がります。社長が声をかけてほしくないときには社長室に入り、声をかけていいときは社長席に移動します。そうすると、社員は声をかけるタイミングが明確になりますし、社長が移動するだけなのでコストもかからず、すぐに実行できます。

友野先生：それは、社長だけではなくて、もう少し下まで同じことを浸透してもいいかもしれませんね。アメリカの会社の例では、カエルのぬいぐるみか何かを机の上に立てているときはコミュニケーションOKで、寝かせたら話しかけないでというサインにしている会社がありました。それが仕事の中断を防ぐ手助けになり、退社時間が前よりも早くなり、集中する時間が長くなったという効果も出ています。

これはノイズの排除や集中を妨げる要素を排除する手段ですが、コミュニケーションをとっていいタイミングが明確になるので、そういうのも良いですよね。

河口：ぬいぐるみは良いですね。集中したいときは、机の上に〝集中モード中！〟を知らせる旗を立てる会社もあります。そのように、物理的に話しかけられない環境をつくるのは、仕事の生産性を上げる大事な方法と考えています。

友野先生：コミュニケーションをとって良いかどうかを周りが意識する社風をつくるのは、会社の生産性向上につながるのでしょうね。

河口：そうです。また、より仕事に集中していただくために、集中ブースの席を占有しないように薦めています。〝たっぷり集中して仕事をしたいから、まる3日間集中ブースの座席を確保する〟。そのようにしたとしても、ずっと集中し続けられるわけではないので、じゃまされずに自分のペースで仕事ができているだけで、集中という意味では時間を区切った方が良いと思っています。

「いまから2時間で、この仕事を終わらせよう。そのために集中ブースに入ろう」という感じです。そうすると自分自身にケジメもつきますし、何のために集中ブースへ行くのかの意識づけができ、集中力が高まりやすくなると思っています。

友野先生：それはありますね。集中ブースの使い方でも、だれが何時まで利用するということをきちんと表示するか、予約ができるようにすることも大事でしょう。予定時間になったら次は自分も使える、もしくはあと30分経てば集中ブースが使えるということがわからないと、いつになったら集中ブースが空くのかが気になってしまい、仕事が進まなくなりますよね。

周りに気をとられて仕事が中断してしまう阻害

河口：次に、〝周りに気をとられて仕事が中断してしまう阻害〟についてです。これについては、日本のオフィスの大半が、仕事に集中できる環境とは間逆の、まさに周りに気を取られて仕事が中断しやすい空間になっていると感じています。

『人の話が聞こえるワークスペース』と『静かなワークスペース』のどちらが良いですか、と聞くと大多数の方が『静かなワークスペース』と言うでしょう。これを聞いた経営者や総務の人たちは、「それならもっと静かに働きましょう」と、ワークスペースをなるべく静かにする方向に向かいます。しかし、ワークスペースでは電話が鳴ったり、仕事に必要な会話もあるので、完全には静かにならないのです。そして、〝静かな状態を目指した静かになりきれないワークスペース〟は、逆に声が通りやすくなり、会話の内容が聞こえ、集中力を妨げる結果になってしまいます。

もし、し〜んとしたワークスペースの中で、「え！　本当ですか！　申し訳ございません！」と言う声が聞こえたら、だれもがそっちに気を取られてしまいますよね。仕事に集中できる静かな空間にするのであれば、無音でないと意味がないわけです。

このことから、私たちは無音空間が実現できないのであれば、逆に一定の雑音があるワークスペースづくりを推奨しています。カフェとまでは言いませんが、ＢＧＭや会話が入り混じり一定の安定した雑音が聞こえる空間を目指すということです。

会話が混ざり合って雑音になれば、会話としては聞こえにくいので、集中力を高めやすくなると考えています。カフェで仕事がはかどる人が多いというのは、このためと思っています。

友野先生：静かな中で話し声が聞こえてくることを考えると、そちらの方が集中できますね。しかし、もうひとつカフェで仕事が集中できるポイントがあって、それは周りが他人なので、聞こえてきても安心して無視できる会話であることです。周りにいる人が知った人だと、自分に関係のある会話かもしれないので、気にしてしまうということです。

隣にいるカップルが喧嘩を始めたとしても、どうでもいいなと思えばすぐに仕事に戻って集中できます。しかし、カフェの隣で上司どうしが喧嘩を始めたとしたら、仕事どころじゃないですよね。(笑)

河口：たしかに、オフィスでは知った人ばかりなので、自分に関係のある会話だと仕事に集中するのは難しいかもしれませんね。(笑)

一定の雑音がある空間になれば、ある程度の会話は雑音の一部となるのでおおよそ回避できると思いますが、近くから聞こえてきてしまう目立った会話には気を取られてしまいそうです。そこまで回避するなら、やはり集中ブースを設けることですね。

仕事に集中しやすいBGMの実験

河口：以前、どの音楽ジャンルが仕事に集中しやすいかのBGM実験をしたことがあり

ます。週の前半後半に分けて、前半はボサノバ、後半はヒップホップという感じで、さまざまなジャンルで2ヵ月ほど続けました。

友野先生：ロックとかいろんな音楽で試したのですか？　それは面白いですね。

河口：はい。Jポップ、ロック、レゲエなど、12ジャンルを試しました。他部署にも協力してもらったので、BGMとして耐えがたいと感じたときは白旗を上げて良いというルールもつくったのですが（笑）

友野先生：それで、仕事に向くジャンルはどんなものだったのですか？

河口：私たちの結論では、最も良かったのが、ジャズとボサノバでした。他にもヒップホップやカントリーも良かったですね。傾向をまとめると『知らない曲で、雰囲気が良くて、抑揚のない音楽』が良いという答えが出ました。

以前、音楽大学でジャズを専攻された方から伺ったのですが、かなり昔の、まだお店にBGMとして流せる音楽放送がなく、BGMのためにピアノマンが雇われていたころの話です。レストランのようにお客さまがいる場所で雇われていたピアノマンが、「聞いてもらうのならすてきな曲を！」ということで良い曲を弾くと、女性を口説こうとしていた男性からクレームが入ったとのこと。せっかく良い感じで口説いているのに、良い曲が女性の耳に入ると、そっちに気を取られてしまう……。『システム1』に響く抑揚のある曲は、口説こうとしている男性のじゃまになるということですね（笑）。そう考えるとBGMは、やはり知らない曲で、なるべく抑揚がなくて、聞き流せるというのが向いているようですね。

友野先生：すると即興というのは良いのかもしれないですね。即興だと音楽がずっと途切れず続き、しかも知った曲が流れることもないのですから。即興というジャンルはBGMという文化に向いているのかもしれませんね。他のジャンルはどうでしたか？

河口：JポップやJポップをカバーした洋楽なども知った曲が多いのでダメでした。またロックもメジャーな曲が多いのでダメでした。「あ！　この曲、知ってる！」となるので（笑）。

いろんなジャンルを試して、唯一白旗があがったジャンルが、なんとクラシックでした。この話をすると驚かれる方が多いですね。実際、仕事中にクラシックを聞いている経営者の方は結構いますので。

友野先生：どんな感じだったのですか？

河口：とにかく仕事がはかどらないのです。やはりクラシックは音楽に力があるのだと思いました。抑揚もすごいですし、感情に訴える力も強いようです。
実験をする前は、クラシックは仕事の生産性を上げるのに一定の効果がありそうだと思っていたので意外な結果でした。恐らくクラシックでも自分の聞きたい曲を聞く分には良いのだと思いますが、自分の聞きたくない曲は感情を引っ張られすぎて、気が散ってしかたがないということだと思いました。

友野先生：それは面白い結果ですね。そう考えるとクラシックはBGMとしては向いていないかもしれないですね。好みもあるでしょうが、集中力を妨げてしまう名曲がいけないということですよね。クラシックでも意識を妨げない曲を見つけないといけないのでしょう。

河口：そうですね。またBGMとして、CDをループ再生してずっと流しておくというオフィスもありますが、これも試したのですがダメでした。1日8時間仕事をするので、1日で同じ曲を何度も聞くことになり、最初は知らない曲でも、数回聞いたらすぐ知った曲になってしまい、「これ、さっきも聞いた……」と、都度、気になってしまうということです。
結論としては、あまり知らない曲をずっとランダムに流し続ける音楽配信サービスが良いということになりました。

ちなみに、オフィスでラジオを流している会社も多く、話しを聞くと「結構いいですよ」ということなので試したのですが、それも当社ではダメでした。私たちが実験していたときに、女性の悩み相談の時間で、「ついつい男のいいなりになっちゃうのです……」という相談が始まり、そうなると、皆そっちに引っ張られてしまったのです。特に男性は（笑）。

友野先生：なかなか面白い実験ですね。仕事に集中するためのさまざまな策を講じても、BGMだったり、自分の周りの部署のたわいもない会話であったり、集中を乱す要因は多々あるということですね。

仕事に集中したいと思ったとき、集中できそうな環境の中で『システム2』を使って集中力を維持しようとします。しかし『システム2』は感情の揺れに弱いので、『システム1』の働きで感情を乱すものが割り込んでくると途端に集中力が続かなくなるのです。「これは小学生のときに初めて買ったCDだな」など、子どものころの記憶を思い出したら、そのころの思い出があふれてきて、集中力が完全に途切れてしまうでしょう。そうなると、思い出と結びつくことがない自分の知らない曲をBGMにした方が良いということですね。

集中するという状態は、『システム2』にある程度がんばってもらわないと続かないので、『システム1』に影響を及ぼさないBGMを流すのはとても理にかなっています。

河口：ありがとうございます！

友野先生：本当はこういう実験は、実験だということを意識させない方がいいんですけどね。実験かどうかわからない環境でやらないと、人間の行動が変わってしまいますからね。

河口：たしかに、そうですね。なるべく先入観を持たずに聞くようにはしていましたが、まったく知らない方が良い実験になりますね。私たちの実験に巻き込まれた他の部署の人たちが感じたことの方が、真の結果に近いのかもしれないですね。

友野先生：しかし、わかっていても実験する意義はとてもあります。たとえ自分たちが試験台であったとしても、実践を通して感じたことをビジネスでフィードバックできますから。

経営者には、うまくいかなかったらやり直すという感覚を持つことがとても大事です。事業でも実験をするというフェーズを入れると、実験の結果、最初に考えていた方法ではうまくいかないという結論が出るかもしれません。もしこういう結果が出たときには、他の方法も検討しようと考える柔軟性も必要です。社長の中には、自分が言い出したことを絶対に曲げないような方もいますから。

オフィスのコミュニケーションスペースは機能しにくい?!

河口：経営者と話しをしていて、社員間のコミュニケーションをもっと図りたいという要望はすごく多いです。どの会社もコミュニケーションが不足していると感じているということですね。しかし、オフィス内にコミュニケーションスペースをつくっても、経営者の思うような効果が出ていることは稀。私はその原因は、コミュニケーションの目的を考えていないことだと思っています。

社員がコミュニケーションを図ることで、風通しが良くなり情報共有ができ、普段話をしない社員同士が会話をすることでイノベーションが起き、会社が活性化し業績が伸びていく。そんな真の目的があり、その実現のためには、「この部署とこの部署に、こういうコミュニケーションをとってほしい」という具体的な実施すべきことがあるはずなのです。

しかし、コミュニケーション活性化の話しになると、「全員が仲良くすることが目的」となっていることがほとんど。全員が仲良くだと、普通に皆が集まる場所をつくるということになるので、結果、行きたい人だけが行き、普段から仲のいい人が集まったり、上司から離れたい人が集まったり、経営者の意図しないコミュニケーションが生まれてくることになりますよね。

先日、お伺いした企業では、人事異動で空いた部屋をリフレッシュルームにした結果、会社の愚痴を言いたい人の溜まり場になったとのことでした。

友野先生：たしかに、コミュニケーションスペースをつくり、「コミュニケーションを図りましょう！」だけでは、なかなか経営者の思うようには社員は動かないでしょう。動いてほしい人たちの『システム1』に訴え、その人たちが、考えなくても自然に集まるようになっていないとダメでしょうね。

河口：部署Aと部署Bをもっと密接にさせたいという目的があっても、部署Aと部署Bの人たちは感情で動くので、本人たちがコミュニケーションを図りたいと思っていな

ければ、無理やりコミュニケーションの場をつくって話をしたとしても形式的なものになり、そこから広がりませんよね。

友野先生：経営者はもっと『システム2』を働かして意識して考えないと、本来の目的を見失いますよ。

河口：そうですよね。『システム1』は直感的に動くので、行き先が指定されていなかったら、どこに向かって走るかわからないですよね。本来は、業績向上のためにコミュニケーションを図ってほしいと思っているのに、コミュニケーションを図れば業績が上がると思ってしまう。本来は、この部署とこの部署にこういうコミュニケーションをとってほしいという目的が絶対にあるはずです。

私たちは、何のためにコミュニケーションを図りたいのかの真の目的を引き出すことをとても重視しています。

同調性の影響は大きい

河口：空間づくりで難しいのは、設計よりも運用の徹底だと思っているんです。

たとえば、ワークスペースが静かすぎて声を出しづらい。もっと気軽に話ができるワークスペースにしたい。そんなときの方法としては、ワークスペース全体に雑音をつくる必要があり、雑音のベースとなる人の声を増やすために、デスクの数を減らしてミーティングテーブルを設ける方法を取ることがあります。それも、点々と申し訳ない程度に数箇所ミーティングテーブルを設けるのではなく、すべてのミーティングテーブルが活用されたときに、会話が混ざり合って、それなりの雑音になるくらいのテーブル数です。

しかし、これは思ったような結果が得られないことが多いんです。

友野先生：話せるような雰囲気ではなさそうですね。

河口：そうなんです。オフィス内に話をする雰囲気がないので、いくらミーティングテーブルを数多く並べても、「こんな所で打ち合わせできないでしょ」となりがちなのです。その雰囲気を変えていくのがマネジャークラスの役割です。

マネジャーが「せっかく場所があるんだから、あそこのミーティングテーブルで打ち合わせをやろう」と率先して使い続けると、部下も〝使っていい場所なんだ〟という認識に変わり、利用し始めます。もし部下が立ち話のような感じで仕事の話をしていたら、マネジャーが、「ずっと立って話してなくても、ミーティングテーブルを使えばいいんじゃない」というように勧めていただきます。それをフロアの全部署で徹底する。その繰り返しで、ミーティングスペースを使う雰囲気ができていきます。

実現には、マネジャークラス全員が運用を徹底しなくてはなりません。「おれはそもそもここでやるのは反対だったんだ」なんて一人でも反対する人がいたら、その部署は運用にはのらないことになり、フロア全体の雰囲気を変えることができなくなってしまいます。

友野先生：それは同調性の話ですね。周りがやっているから自分もやるという同調性の影響は大きいです。最初にだれかが意識的にやらないと同調の輪が広がっていきません。それはまさにマネジャークラスの役割でしょう。

河口：ある意味、オフィスがうまく機能していない理由はそれだと思っています。せっかくコミュニケーションを活発にするオフィスができ上がったとしても、運用が徹底できないから効果が出ないのです。そう考えると、同調性はとても重要ですね。

友野先生：そうです。同調性は商業店舗でもとても意識されています。立ち読みや行列ができる店は、まさに同調性が高い状態です。

実店舗と違って状況がわかりにくい通販でも同調性を意識しています。代表的なものは、販売ランキングを公開したり、「オペレーターを増やしてお待ちしています」とか「電話が殺到しています」と言うこともあります。いずれも他の人がいかにこの商品を買っているかをアピールすることが目的で、「自分も出遅れないで買おう」という気にさせる手法です。

河口：なるほど。同調性はいたる所で活用されているのですね。

人材採用は『システム1』が強く影響する

河口：最近は求人倍率が高いので、社員を思うように採用できないということが経営課題となっている会社も多いようです。そういう会社には、『システム1』の側面から、求職者がこの会社に入りたいと思うようなオフィスをつくることが有効だと思っています。

友野先生：採用にはかなり『システム1』が関係します。採用担当者は想像以上に『システム1』に振り回されていると思いますよ。

河口：そうですよね。人事側がほしい人がいても、求職者側がその気持ちにならなかったら成立しないですものね。

そこで、私たちは求職者にその企業の魅力を空間で伝えるようにしています。それこそが、リクルーティングの際にいちばんやるべきことだと思います。実態が伴わないのに、見た目だけ魅力的に見えるようにして、『システム1』を揺さぶって採用しても、実態がわかったらすぐに辞めてしまい、意味がないと思っています。

その会社の魅力をストレートに伝えるのが大事と考えています。しかし、本当はとても魅力的な会社なのに、その魅力がぜんぜん伝わらないオフィスがすごく多いのです。カッコよくつくったエントランスや会議室、リフレッシュルームなど、内装工事にお金をかけた所を一生懸命に見せようとする。ところが、いまはオシャレなオフィスも多いので、そこを見せても魅力に感じていないことが多いのです。

求職者が心を動かすのは、現場の感情が伝わってくるような場面で、営業部署が活気あふれているシーンや、企画部署が熱くディスカッションしている現場を見せた方がいいのだと感じています。

友野先生：それは、生き生きと働いているところを見せることがいちばん感情を揺さぶりますよ。面接も狭い会議室でやらないで、他の人に見えるような場所で実施した方がよさそうですね。他の人が働いている場で面接をやって、求職者に意見を聞くとか。

河口：昨年、オフィスづくりをお手伝いさせていただいた企業でそのようなことを実施したら、スタッフ不足に悩まされていた課題がクリアしたことがありました。

その会社は中堅社員がとても優秀なイベント運営会社で、イベントの仕事はスピードも速く忙しい。肉体労働的な仕事もあり、それが若手社員に集中することから、若手が定着しにくい傾向にありました。最初、そのオフィスを見学したとき、中堅社員と若手社員の距離がとても遠い印象を受けました。中堅社員の人たちがノウハウを活かしながら指示を出す仕事をする一方、若手社員は走り回り、仕事の流れを覚えるのに必死なように見えました。

打ち合わせは、中堅社員の座席のディスプレイに資料を映し出し、それを指差し、若手社員に説明をする。若手社員は中堅社員の後ろで立ちながら話しを聞いている感じでした。それが、叱られて立たされているようにも見え、若手社員が夢をもって生き生きと働けるオフィスには見えませんでした。

そこで幹部にお集まりいただき、説明をしました。

「中堅社員の人たちは、本来ノウハウを活かして指示を出す仕事をしたいと思うのですが、その結果、若手社員にキツイ仕事が集まり、上からの指示の仕事に追われ、夢を持てずに会社を辞めていっている。そして少なくなった若手社員にさらに仕事が集中し、更に若手が辞めていく。結果、若手社員がいないために、中堅社員の人たちが肉体労働をしなくてはならなくなっているように見えます」

さらに、「この流れを断ち切るためには、まずは、若手社員が楽しく生き生きと働ける社風にしなければなりません。そして若手社員が定着することで、ようやく中堅社員の人たちがノウハウで仕事ができる状態になると思います」と説明をして、若手が生き生きと働ける社風に向かうオフィスをつくりました。

友野先生：で、どんな感じになりましたか？

河口：簡単に言いますと、中堅社員の座席の後ろにミーティングスペースをつくったのです。それにより中堅社員に打ち合わせで呼ばれた際も、立ったままということがなくなりました。そして、そのミーティングスペースには、皆が集まるようになっており、中堅社員の人たちが若手社員に生き生きと働いてもらうことを意識し始めていただいたこともあり、若手社員の人たちが活発に働ける空間ができあがりました。

さらに、若手社員の採用促進のために、ミーティングスペースの延長上に、面接用会議室をつくり、会議室に入ると、ワークスペースの延長上に自分が座っている感じになります。ここで採用の面接を受けていると、ガラスの向こうでは若手と中堅が活発に話をしている様子が見えるのです。こうした結果、わずか2～3ヵ月で若手が生き生きと働く会社に変わり始め、若手社員の採用が急激に進んだという結果になりました。

友野先生：それは空間が人を変えたすごい例ですね。求職者も会社の雰囲気を『システム1』で感じられるので、入社してから失敗したと思うことが少なくなりそうです。『システム1』がよく働いている例ですね。

競争させたいのか！　協調させたいのか！

河口：どうしたいのかによって当然、オフィスの見せ方も変わるのですが、競争させたいのか、協調させたいのか、良くわからないオフィスを良く目にします。

成果を上げたチームが評価されるような競争を目指している企業であれば、ランキング形式が良いのかもしれませんし、各部署が協力をして会社全体で同じ目的に向かうような協調を目指している企業であれば、全社の目標達成度合いがわかり、その中での各部の目標達成状況がわかるようにした方が、皆で一つの目標を追いかけているように感じられるかもしれません。

しかし良く目にするのは、成果を上げたチームが評価されるような、競争させる見せ方をしていながら、経営者に話を聞くと、本当に求めていることは競争ではなくて、社内で協力して会社を盛り上げていくことであったということが意外と多いのです。

友野先生：なるほど。協調させることが目的なのに、社長が肩入れして特定のチームだけを賞賛すると『システム1』で嫉妬が生まれてしまいますね。協調させたいのなら、社長には特定のチームを賞賛するのではなく、それぞれのプロジェクトや事業部が悩んでいる課題を並べて、「解決できる策を持っている人は参加して一緒に考えてほしい」と、参加を推奨するのが良いと思います。

そうすることで、競争ではなく協調のスタイルになり、「今週は隣の部署のあいつが参加している」というように、『システム1』で親近感が湧いてくるでしょう。社長がやりたいことと逆行するようにつくられているオフィスも多いということですね。

モチベーションの源

友野先生：社員の人たちも、新たなオフィスになって、仕事がはかどったという満足感が出てくると、そこから更にもう少し自発的に動いてみようと思いますよね。また、人とのつながりやコミュニケーションがうまくいっていて、つながっていることの安心感や満足感が出てくると、そこから自発的に動こうという考えが出てくると研究では言われています。外から強制されて動くのではなく、『システム1』で自発的に動くような要因ができてくるのです。

自発的に動いた方が成果は上がりますし、働く満足度も上がります。さらに中途退社が減って、仕事をサボることも少なくなります。そういう実験結果があるのですから、オフィス環境が『システム1』をうまく動かして、そうなるような仕組みを持つことは意に沿っています。

河口：ありがとうございます！

友野先生：人間のモチベーションという面から見ると、お金とか報奨を使って外部からモチベーションの動機付けをする方法があります。ところが、お金を使う動機付けは、社員にとってやらされ感が強くなります。そこで、長期にわたってモチベーションを維持するには、自分の中から発生するモチベーションが必要になります。

河口さんの話では、モチベーションの動機付けにお金で人を動かすという話が出てこないですよね。

河口：そうですね。お給料ももちろんたいせつですが、後で付いてくるものと考えています。臨時ボーナスが出ると、そのときはテンションが上がりますが、長くは続かないと思っています。お金だけの動機付けは『システム2』で感じるメリットではないでしょうか？

仕事の中で辛いことがあった場合、『システム1』の「仕事が嫌だ！」には勝てないと思います。逆に、「この会社って楽しい」という『システム1』で感じていれば、仕事は続きやすいと思います。当然、仕事はたいへんなことや辛いこともあるので、そのときに『システム2』で給料をしっかりもらっていると理解していれば、モチベーションがやや下がったときでも、それが支えになると考えています。

『働き方改革』から『働く人改革』へ

友野先生：いま、働き方改革ということで政府を中心に議論されていますが、労働時間を制限する政策・手段が目立つと思っています。しかし、残業を減らしましょう！早く帰りましょう！　など、〝働き方を変えましょう〟と理屈で『システム2』に訴えても効果は現れにくいと思っています。

それよりも翔栄クリエイトさんがやられているような、空間・環境によるアプローチで『システム1』に働きかけ、働く人自体を変える取り組みの方が、仕事の生産性が上がり、自然と時間短縮につながると思います。

いま必要なのは、『働き方改革』ではなく『働く人改革』。それが、実質的に政府が考えている目的達成につながると思っています。

河口：『働く人改革』いいですね！　友野先生のおっしゃる通りだと思います。

いまの働き方改革の流れで、かつては日常的だったサービス残業も含め残業自体が減ってきていると思います。それはとても良い傾向と思っています。しかし、その状況で労働力を確保しようとした場合、残業代をしっかり支払うか、別の人を採用して補うか、生産性を上げるシステムを導入するか、方法は色々あると思いますが、しっかりやろうとすると、どれもお金がかかります。利益を上げている企業は良いですが、やはり中小企業はなかなか厳しい所も多く、やりたくてもできない企業が多いと思っています。

しっかり働き方改革を実現するためには、まず企業が利益を上げること。しかし、これはなかなか難しい。したがって、友野先生にも言っていただきましたが、残業をダメだとか言っているよりも、空間・環境によるアプローチにより、「もっとこうしたらいいんじゃないですか？」とポジティブに提案しあえるような、モチベーションが高く活気があり、付加価値の高いサービスをどんどん生み出していく会社になっていく。それでいて、しっかり労働時間を遵守していく。それが本来求めるべき姿だと思っています。

友野先生、本日はありがとうございました。

友野先生：ありがとうございました。

第４章　【これからのオフィス】

コロナ禍のオフィスに求めるべきこと

「情報伝達」と「感情伝達」

「ＩＣＴを駆使すれば、オンラインでも仕事に支障はない！」と言う人もいれば、「やはりオフィスでリアルに顔を合わせないと……」と言っている人もいます。私は、それらを「情報伝達」と「感情伝達」とに分けて考えると整理しやすいと思っています。

私は、オンラインは「情報伝達」には適しているが、「感情伝達」には不向きと考えています。

●コンサート映像を見るのと、実際の会場で見るのとでは、伝わってくるものは全然違うのではないでしょうか？

●オンラインで観光地の景色を見るのと、実際にその場に行くのとでは、感じるものはまったく違うのではないでしょうか？

当たり前のことですが、それが「オンライン」と「リアル」の違いです。

しかし、仕事のオペレーションを考えるときに、「情報伝達」と「感情伝達」は一緒くたにされがちです。「わざわざオフィスに行かなくても、テレビ会議で問題ない！」「やはり会議室に集まった方が良い！」。そんな議論を耳にしますが、〝情報を伝えるだけの会議〟なら「オンライン」、〝感情を伝えたい会議〟なら「リアル」。そのように整理すればわかりやすいということです。

「ちょっとみんな集まって！」。部長から招集がかかり、会議室で延々と部長の話が続く。一方的な情報伝達だとしたら、部下の皆さまの時間を拘束するのは、とても生産性が低いことかもしれません。しかし、新規事業への思いを部下に伝え、共感、賛同を得るための会議だとしたら、とても効果的です。もしこれをオンラインで行ったために、情報として理解されるだけで、心に響かなかったとしたら、その後の部下の動きに影響が出そうですね。

- 同僚ががんばっている姿を見て「自分もがんばらなくちゃ！」と思った。
- 課長が一生懸命、部長に説明している姿を見て「自分も役に立ちたい！」と思った。
- 新入社員と偶然の雑談で仲良くなり、一緒に仕事をするのが楽しくなった。
- 部下の疲れていそうな表情が目に入り、「仕事、行き詰っているのかな？」と思った。

●他部署がプロジェクトを成功させ盛り上がっている姿を見て、「自分たちもがんばろう！」という雰囲気に変わった！

このように「感情伝達」が仕事にプラスに働いているケースは多いと思いますが、それが業務上の必要プロセスとして認識されていないことがほとんどだと思います。

テレワークでどのように仕事を行うか。それを考える際、「情報さえ伝えれば仕事はできる」と考えがちなため、結果、思ったように部下が動かない……、組織が動かない……、ということが起こり得るということです。

オンラインでの「感情伝達」は負荷が大きい?!

たとえば、仕事のプロセスや努力より、結果で評価をする。各自は与えられたミッションを遂行する。そのような、仕事のできる人で構成されるフリーランス集団のような企業であれば、仕事の指示とフィードバックという「情報伝達」のみで良いのかもしれません。しかし、人材をしっかり育て、想いを伝え、社員一丸となって同じ方向に向かっ

ていく。そのような企業にとっては、「感情伝達」は大きな鍵になると思われます。

ＩＣＴを駆使してもオンラインでは絶対に「感情伝達」は行えないのか？　と言われれば、不可能ではないと思います。しかし、それには、相当な努力と労力が必要になると思っています。オンラインでも観光地に実際に行ったような気持ちになっていただく。最善を尽くせば、近い状態になるかもしれませんが、労力がかかるわりには、リアルには及ばないのではないでしょうか？

第3章で友野先生にお話しいただいたように、人間の行動の8割から9割を感情的思考である「システム1」が決めています。そして、「システム1」は、無意識に行動を決めるので疲れにくいのです。オフィスを活用すれば、社員に負荷をあまりかけることなく「感情伝達」を行うことができますが、それをオンラインのみで実現しようとするのは、労力がかかる道を自ら選択しているということになるわけです。このことからも、「感情伝達」が大きな鍵となる企業は、オフィスを活用した方が良いということです。

「情報伝達」のみで問題ない企業を目指すのか。「感情伝達」が必要な企業を目指すのか。会社が目指す方向によって、オフィスに求めるものが変わるということです。

オフィスに施すべき仕掛け

どのような仕掛けをオフィスに施すべきなのか！　それは、次の基準で考えます。

①テレワークの導入により想定されるマネジメントリスク（感情伝達が不足することにより起こりうる弊害）をカバーするための仕掛け
②経営者が望む方向へ会社の変化を促すための仕掛け

この2点から考える仕掛けをオフィスに施すことで、テレワークの弊害を防ぎながら、同時に、経営者が望む方向へ会社の変化を促すことができる、というわけです。そして、各企業それぞれ課題や目指す方向が異なるので、施すべき仕掛けも、当然、各社ごとに異なってくるのです。

たとえば、経営者が〝社員が技術担当に気軽に相談することで、会社全体の技術力が底上げされる〟と考え、これが企業発展の鍵と思っているとします。

技術担当にわざわざ時間を取ってもらうというよりは、ちょっとした相談が多い、という場合、テレワークでは、わざわざメールや電話で相談するほどでもないと思ってしまい、相談回数が減ることがあり、この会社にとっては、経営者が望む方向と逆行し、企業発展から遠のくことになります。

ところが、たとえば「来週火曜日は、技術担当への相談日」と決め、その日は終日オフィスで相談できることが事前に告知されているとしたら、週2日ほどオフィスへ出勤している人は、「どうせなら、その日に行こう！」と思うかもしれません。

ただ、オフィスへ行っても、技術担当がどこにいるかわからない、あるいは、先に相談している人がいて終わったかどうか何度も確認するのが大変、といった面倒なことがあると、相談者は増えない可能性もあるので、**図1**のような相談用のテーブルを設け、相談したい人は技術担当の正面に座り、順番を待つ人は空いている席に座って自分の仕事をしながら待つなどの仕掛けを施すと、相談者は増える可能性がでてきます。

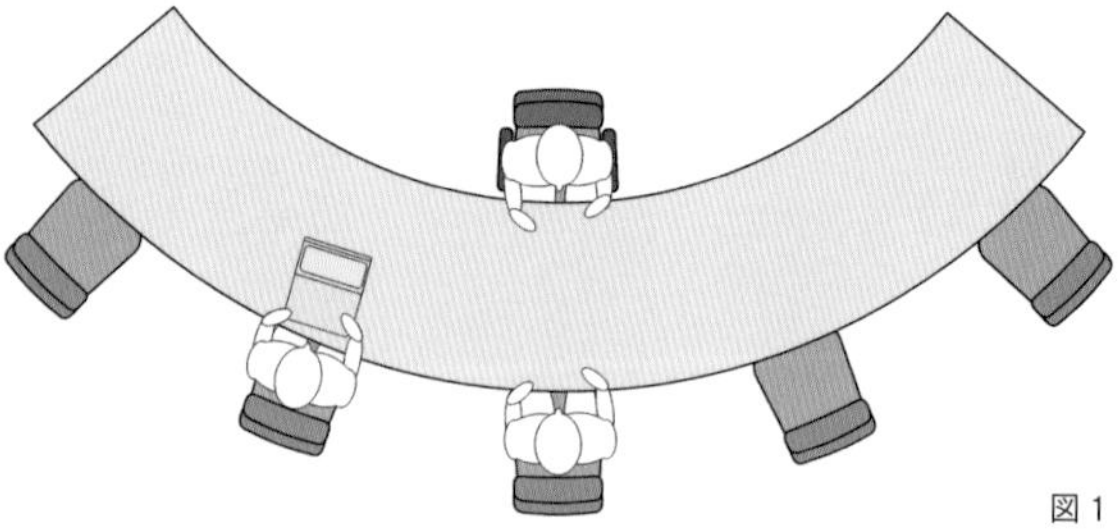

図1

そんなことをしなくても、「テレワーク中、技術担当に気軽に電話で相談してください！」と言えば済むのでは？　と思うかもしれませんが、実は、わざわざ電話をすることが精神的ハードルに感じる人が多く、なかなか相談しないという結果になりがちなのです。

ですが、「決まった日に、決まった場所に座り、仕事をしているだけで相談ができる」となると、精神的ハードルが下がり、「じゃあ、火曜日に行こう！」と行動に移しやすくなります。「やるべきとは思うが、まあいいか……」から「それ、やろう！」に変わる。これが、感情的思考に起因する行動変化であり、ストレスなく行えてしまうのです。

そして、この運用が根付いてきたら、相談担当を増やします。そうすると、部署に関係なく気軽に相談できる社風がつくられ、経営者が望んだ、技術力の底上げに向けて大きく前進する可能性が出てきますね。

この例は、この企業の条件に機能する仕組み（仕掛け）であり、たとえば、テレワークでほとんど会社に行くことがないのであれば、この仕掛けがあったとしても、わざわざオフィスへは行かないでしょうし、また、火曜日まで待てず、もっとスピード感が要求される仕事であれば、この相談日はあまり意味をなさないでしょう。

このように、仕掛けは他社の真似をしたのでは機能しないという可能性が高く、各企業の課題や目指す方向が異なれば異なるほど、オフィスに必要な仕掛けも、企業ごとに固有のものとなるわけです。

コロナ禍のオフィスに求めるべきこと

「仕事は支障なく回っているし、社員もテレワークを望んでいるので、テレワークをやり続けています」。そのような企業が増えていると感じます。

会社全体の仕事量と社員数が常にリンクしているわけではないので、一部の社員がサボっていたとしても、他の社員ががんばれば、〝仕事が支障なく回る〟という状況は起こり得ると思います。テレワークは社員の仕事の実態が見えにくいため、「仕事が順調」だからと言って「会社が順調」とは言えないかもしれません。

コロナ禍のオフィスに求めるべきことは何でしょうか。

実は、コロナ禍であろうが、終息しようが、オフィスに求めるべきことは同じで、「経営者が望む方向へ会社の変化を促すための仕組み（仕掛け）」です。ただ、コロナ禍においては、テレワークによる出勤率に連動してオフィスの広さが変わる可能性があるため、何を優先させてオフィスをつくるのかが、その広さによって変わる、ということです。

働いているのは「人」です。直に顔を合わせて、相手の表情を見て何かを感じる。これは人として基本的なことだと思います。オフィスは「単なる出勤する場所」ではなく、社員同士が唯一、直に顔を合わせる貴重な場。コロナ禍で、オフィスに社員が集まる機会が減るからこそ、その集まったときに何をするかがとても重要になるということです。

いずれは、実際に旅行に行かなくても、実際に行ったのとまったく同じ感覚が伝わってくるようなICTも出てくると思われます。そうなれば、直に顔を合わせる必要もなくなってくるのかもしれませんが、それはまだ、少し先になるのではないでしょうか?

業種、職種にもよりますが、コロナ終息後も、テレワークを併用した働き方は続くと思います。つまり、今後は、オフィスだけでなく、自宅、サテライトオフィス、カフェなど、働く場所はすべて「職場」と捉え、どのような働き方、社風、会社にしていくのかを総合的に考えていく必要があります。

いずれにしても、「オフィスをどうするか」ではなく、「会社をどうするか」が大事、ということです。

おわりに

経営者が理想とする「会社がもっとこうなれば……」。

その実現のお手伝いを『空間』で行うことにこだわり続けて19年が経ちました。

「空間を使って人の意識・無意識に影響を与え、目的の方向に行動変化を促す」

これは、決して簡単ではなく、現在の空間ソリューションが提供できるに至るまで、決してスムーズではありませんでした。

サービス開始当初は、トライ・アンド・エラーの連続。他社ではうまくいったのに、こちらではうまくいかない。社長と社員に温度差があり、組織が思うように動かないなど……。それでも、経営者と向き合い、経営者が理想とする方向へ企業の変化を促す空間づくりを目指しました。

経験を積み重ねる中で、「レイアウト」と「デザイン」だけでは足りないことに気づき始めました。それは、社員に対する新オフィスの説明の仕方や、そのタイミング。また、オフィス竣工後のお客様側のオペレーション。お客様側幹部の意識統一などで、それらはオフィスをどのようにつくるかと同じくらい重要だということ。

本当に勉強の日々。そのような中で、あらためて、レイアウトなどのテクニカルなことよりも、「人」のことをもっと知ることが大切だと実感し始め、我流で人の行動心理を勉強し、空間に取り入れていきました。

そうやってブラッシュアップしていった当社の空間づくりは、「空間づくりの方程式を編み出した」というよりも、「肌感覚でわかるようになってきた」と言ったほうが正解に近いと思います。

経験からのみ蓄積された独自ノウハウ。それも強みとは思っていましたが、反面、井の中の蛙になってはいけないという思いもあり、そのような中、明治大学元教授の友野様とご縁を持たせていただくことができました。

私たちがやってきたことに対し、「これは面白い！　とても理に叶っている」と、専門家から高い評価をいただけたのは、本当に大きな自信につながりました。

まだまだ勉強中ですが、紆余曲折ありながら、現在の行動科学に基づく空間づくりに辿り着くことができました。

現在、多くの経営者の方々に、当社の空間づくりに共感いただき、空間づくりをお任せいただいており、本当に感謝しております。経営者ごとに想いも課題も異なります。そのため、そこから生まれるオフィスづくりのストーリーも各社まったく異なります。経営者の想いをたくさんお聞かせいただき、それが実現していく場に居合わせられることを本当にうれしく思っております。

繰り返しになりますが、経営者が想う「会社がもっとこう変われば……」は、今よりもっと業績が上がり、もっと社員が幸せに働いている姿が想像されていることが多いと思います。空間がその実現に導けるのだとしたら、その価値は計り知れないと思っています。空間があれば会社が変わるというものではありません。しかし空間により会社は変わり始めます。本書が、今後想定される激動の時代の中で、オフィス戦略を立てるうえでのヒントになれば幸いです。

最後に、本書の制作にあたり、ご協力いただいた経営者、ご担当者の方々、友野先生に、この場を借りてお礼申し上げます。

著者

**レギュラーが変わり
半年前が思い出せない。
もし、こうなっていなかったらを
考えると、ぞっとします。**

株式会社島田電機製作所
代表取締役社長　島田正孝 様

**部署目標や営業目標も、
自発的に決めて実行する社風が
本当に根付きました。**

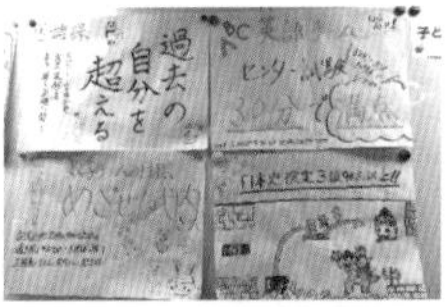

株式会社プラウ２１
代表取締役社長　白石健一郎様

**当初、考えていたビジョンは、
今、振り返ると
すべて実現しています。**

日本プライベートエクイティ㈱
代表取締役　法田真一様

あとがき

株式会社翔栄クリエイト
代表取締役　宇佐神 慎

僕は中学時代「株式会社の目的は利益追求」と教わりショックを受け、〝会社には勤めたくない〟と強く思ったことを憶えています。

案の定、本質を忘れた経済優先の資本主義は、実体経済とかけ離れた動きをし始め、株価も実体経済と連動せず、お金がお金を生み出す魔力に人々は憑りつかれています。企業は競争で勝つことが正義となり、食い合い、統合され、思いやりや助け合い、昔ながらの良き商習慣や商道徳も失われ、それぞれで成り立っていた地域社会は荒廃し、グローバル経済がもてはやされ、世界は極端な格差社会へと突き進んでいるようです。

今や世界の富の80％が1％の富裕層に集中しているとか、10人の大金持ちが世界人口の半分と同額の資産を持っているなどと言われ、コロナ危機や異常気象などの問題が起こる都度に、富は富を持ったところにますます集まり、格差は加速していきます。

人間の心に巣食う利益追求の飽くなき思いが、資本主義であれ共産主義であれ、これに正当性を与え、一部の特権階級によって大勢が支配される世界をつくり出します。日本の昔ながらの家族的企業はなくなり、生き馬の目を抜く競争のただ中で、社員やアルバイトは競争の道具と化し、効率と結果のみを求めざるを得なくなっているのではないでしょうか。

ところで、なぜ、翔栄クリエイトがオフィスデザインの事業を始めたかをお話しします。僕は学生時代、会社には勤めたくないと思い、多くの学生が企業に入っていく工学部を中退し、福祉のある大学に編入しましたが、仕組みや制度に縛られ、心の福祉がなかなかできないことを経験し、卒業後、牧師になる大学に再入学しました。ところが聖書には実践が書いてあるのに、頭だけでこれを学び、実践をしないまま能書きを言う、単なる宗教家の偉い先生になってしまうように思え、社会こそ聖書の実態を学び、真に成長できる場だと思い、あえて名もないビジネスフォン販売会社で飛び込み営業を始めました。

オフィスデザインを業とする思いは、ここで出会った、心ある、多くの中小企業の社長さんから受けた影響に起因します。当時多くの社長さんは、月月火水木金金と働き、昼間はいらっしゃらないことが多いので、深夜、社長さんが帰ってからのアポイントも多くありました。彼らは、協力業者を思い、社員のために悩み、伝統の技術を磨き、真面目で一生懸命でしたが、その多くが、大企業の方針転換や時流に翻弄され、自社の強みを生かせないまま、時代と共に消えていきました。

僕は数万件の飛び込み営業の経験と、数千社の社長さんたちとのかかわりの中から、空間の大切さを嫌というほど実感しました。多くの社長さんは、「人」「モノ」「金」「情報」といった経営資源の獲得には熱心でしたが、これらを生み出す、活動拠点となる「オフィス」には無頓着でした。しかし、これを整え、社員が自走する空間を得た企業は、そこから新たな事業やサービスが生まれ、時代のニーズに対応し、生き残っていったのです。

今のこのコロナ禍で、分断され、愛が冷え、自社の利益のみを追求して心を失いかけた時代だからこそ、巨大企業に統合されずに、富の格差を加速させるのでもなく、良き技術と社員の一致による知恵やアイディアを生かし、協力業者との絆を深めた心を、空間というキャンバスに社風を描くが如く表現し、大きな波にのまれず、個性や社風を生かした心ある経営を続けていただくべく、大切な社員を生かし、前向きになれ、ネットでもリアル以上にアイディアが飛び交う総合的空間を手にしていただきたく思います。
当社も、再生可能エネルギー事業や、農薬・化学肥料を使用しない自然栽培農業など、10を超える事業を展開しています。それぞれ環境問題、健康問題、ビジネス支援の領域で、より大きい広い視野で「真の意味で、時代のニーズに応える」べく、チャレンジを続けています。

翔栄クリエイトの「翔」は「羊」に「羽」です。羊は元来近視で、目先の草しか見えず、それを食べることに一生懸命で、迷子になってしまいます。私たちも同様で、ともすると目先の物事や欲に駆られて自社の利益を優先し、本来の目的を見失いがちです。しかし、弊社はそんな羊ではなく、「羽が生えて天に舞い上がり、全体を見、相手の立場になって行動し、共に栄えたい」という思いからつけました。

遅々たる歩みでも、「誠実に」「ごまかさず」「お客様のため」「力を尽くす」という当たり前のことを確実に行いながら「清々しく、全力で走りきる」、そしてお客様のお役に立てるようなサービスを提供していきたいと、社員一同、思っています。

2021年1月

【著者プロフィール】

河口 英二（かわぐち・えいじ）

1970年愛知県生まれ。人材サービス会社にてアウトソーシング事業の責任者を務めた後、2009年「空間で業績を上げる」というコンセプトに共感し、翔栄クリエイトに入社。同年、執行役員および「行動科学に基づく空間創り」を行うビジネスクリエイション事業部事業部長へ就任。以降、自身も数々のプロジェクトに携わり、多数企業の業績向上支援となる空間を手がける。数々のセミナーにも登壇、講演数は450回を超える。

株式会社翔栄クリエイト

いま儲かっていることではなく、いま問題になっていることを、これから儲かりそうなことではなく、これから問題になりそうなことを解決する事業を多角的に展開しており、現在では10の事業を手掛けています。「真の意味で、時代のニーズに応えうる事業を行う」という理念を掲げ、健康、環境、経済など、分野にとらわれず真のニーズに挑戦している企業です。

経営者のための
経営するオフィス

行動科学視点でつくられた戦略的なオフィス

2021年2月25日 第1刷発行

◉著　者 河口 英二（株式会社翔栄クリエイト）
◉発行者 上坂 伸一
◉発行所 株式会社ファーストプレス
〒105-0003 東京都港区西新橋1-2-9 14F
電話 03-5532-5605（代表）
http://www.firstpress.co.jp

装丁・DTP　株式会社オーウィン
印刷・製本　シナノ印刷株式会社

ISBN 978-4-86648-016-9
落丁、乱丁本はお取替えいたします。